幼児体育

基礎理論と指導の方法

早稲田大学教授／医学博士　前橋　明　編著

雨宮由紀枝／有木　信子／石沢　順子／伊藤佐陽子
奥富　庸一／川添　公仁／桐原　由美／高内　正子
田中　光／中嶋　弘二／馬場桂一郎／松原　敬子
松本　奈緒／三宅　孝昭／米谷　光弘　著

樹村房
JUSONBO

は じ め に

　今日の日本は，生活環境の著しい変化にともなって，運動に費やす時間と場が減少し，しかも，不規則な食事時間と偏りのある食事内容も加わって，生活習慣病や肥満，運動不足病になる子どもたちが増加した。そして，社会生活が夜型化し，働く母親が増加，勤務時間が延長されることも一因となり，幼児の生活のリズムにくるいを生じ，自律神経機能が低下して体温調節のできない子どもたちが増えてきた。なかでも，就寝時刻が遅く，生活リズムの乱れた幼児に対して，その生活環境を十分に考慮したうえでの対応が求められている。

　ところが，今日，保育者や指導者となる若者たちにおいても，その生活自体が夜型化していることもあり，そのような状態が「あたりまえ」と感じられるようにもなってきているため，幼児の健康に関する理論の研鑽（けんさん）が大いに求められるといえよう。

　また，健康づくりのためにも，さらには生きる力の土台ともなる自律神経機能を充実させる鍵となる「運動」の実践や実技指導の面においても，指導者側の問題として，指導者自身の遊びこみ体験の少なさから，「あそびのレパートリーを子どもに紹介できない」，「あそび方の工夫やバリエーションづくりのヒントが投げかけられない」という現状があり，保育・教育現場において，幼児の健康にとっての運動の重要性やあそびのレパートリー，運動と栄養・休養との関連性を子どもたちに伝えていくことすらできないのではないかと懸念している。だからこそ，幼児体育の普及とその指導者の養成に寄せられる期待は大きいといえる。

　そこで，保育者養成においても，今日の日本の幼児のかかえるさまざまな健康問題や指導者養成におけるニーズを考慮したうえで，幼児の心身の健康づくりとして実施される幼児期の運動を通した体育教育「幼児体育」のあり方や基本理念，体育指導の計画と指導方法や内容の基本を広く普及していこうと決意した。

　なお，本書の編集にあたり多大なるご協力をいただきました，樹村房の大塚栄一氏ならびに今泉久子様に，心より御礼を申し上げます。

2008年3月

　　　　　　　　　　　　　　　　　　　　早稲田大学人間科学学術院教授／医学博士　　前橋　　明

も く じ

はじめに

第1章　幼児体育の意義と役割 ……………………………………………（前橋）　1
　1．子どもを取り巻く諸問題と体育の役割 ……………………………………　1
　2．幼児体育とは ………………………………………………………………　2
　3．幼児体育のねらいと指導方法 ……………………………………………　3
　　（1）幼児体育のねらい ……………………………………………………　3
　　（2）幼児体育の指導方法 …………………………………………………　3
　4．幼児体育の指導内容 ………………………………………………………　5
　　（1）基本運動スキル（fundamental movement skills）………………　6
　　（2）知覚運動スキル（perceptual-motor skills）……………………　6
　　（3）動きの探究（movement exploration）……………………………　7
　　（4）リズム（rhythms）……………………………………………………　7
　　（5）体操（gymnastics）……………………………………………………　7
　　（6）簡易ゲーム（games of low organization）………………………　8
　　（7）水あそび・水泳（swimming）…………………………………………　8
　　（8）健康・体力づくり（health related fitness）……………………　8

第2章　子どものあそびと発達 ……………………………………………………10
　1．子どもの発達 ………………………………………………………（松本）10
　　（1）幼児教育における発達のとらえ方 …………………………………10
　　（2）子どもの身体的発達 …………………………………………………11
　　（3）運動発達 ………………………………………………………………13
　2．子どものあそび ……………………………………………………………19
　　（1）子どもの運動・運動あそびの意義と重要性 ………………（中嶋）19
　　（2）あそびの発達 …………………………………………………………22
　　（3）あそびにかかわる要因（環境：人，モノ，自然）…………（三宅）25
　　（4）体育あそびとしての発展・深まり …………………………………28

第3章　運動のとらえ方と指導の基本 ……………………………………………30
　1．運動のとらえ方 ……………………………………………………（田中）30
　　（1）運動の局面構造 ………………………………………………………30
　　（2）動きの違いと習熟 ……………………………………………………31
　　（3）動きを視覚的にとらえること ………………………………………31

(4) 運動の指導と言葉かけ ………………………………………………………32
　　　(5) 運動のリズムと運動の伝導 …………………………………………………33
　　　(6) 運動の評価 ……………………………………………………………………33
　2．運動指導の基本的な考え方・心構え ………………………………………(馬場) 33
　3．発達段階と運動指導 …………………………………………………………(米谷) 37
　　　(1) 乳幼児期における運動発達の特徴 …………………………………………37
　　　(2) 幼児期の運動発達からみた体育あそびの指導 ……………………………40
　　　(3) 運動発達の指導からみた幼児体育の今後の課題 …………………………42
　4．運動指導時のコミュニケーションスキル …………………………………(馬場) 43
　5．体力と運動スキル ……………………………………………………………(前橋) 47
　　　(1) 体力 ……………………………………………………………………………47
　　　(2) 運動スキル ……………………………………………………………………48

第4章　保育における体育あそび ……………………………………(桐原) 50
　1．保育のなかの体育あそび ……………………………………………………………50
　　　(1) 保育の基本 ……………………………………………………………………50
　　　(2) 体育あそびの位置づけ ………………………………………………………51
　2．保育の計画 ……………………………………………………………………………52
　　　(1) 保育における計画の必要性と考え方 ………………………………………52
　　　(2) 教育課程・保育課程と指導計画 ……………………………………………54
　　　(3) 長期指導計画 …………………………………………………………………56
　　　(4) 短期指導計画 …………………………………………………………………56
　3．体育あそびの計画 ……………………………………………………………………58
　　　(1) 指導計画と体育あそび ………………………………………………………58
　　　(2) 見通しをもった体育あそびの計画をするために …………………………59
　　　(3) 外部講師による体育あそびと保育 …………………………………………61

第5章　体育あそびの実際 ……………………………………………………63
　1．からだを使った体育あそび …………………………………………………………63
　　　(1) 移動系のあそび ………………………………………………………(川添) 63
　　　(2) 非移動系のあそび ……………………………………………………………64
　　●体操あそび（ジャンプ） ………………………………………………(田中) 66
　　●ヨーガあそび ……………………………………………………………(伊藤) 68
　2．用具を使った体育あそび ……………………………………………………………70
　　●なわあそび ………………………………………………………………(松原) 70
　　●フープあそび ……………………………………………………………………72
　　●ボールあそび ……………………………………………………………(奥富) 74

3．移動遊具を使った体育あそび …………………………………………………77
　　　　＜平均台＞　＜マット＞　＜とび箱＞　＜トランポリン＞ …………（石沢）77
　　　　● マットあそび …………………………………………………………（田中）81
　　　　● とび箱あそび …………………………………………………………………82
　　4．固定遊具を使った体育あそび …………………………………………………83
　　　　＜登り棒＞　＜すべり台＞　＜ブランコ＞　＜ジャングルジム＞ ……（有木）83
　　　　● 鉄棒あそび ……………………………………………………………（田中）86
　　5．複合的な体育あそび ……………………………………………………………88
　　　　● サーキットあそび ……………………………………………………（川添）88
　　　　● 調整力向上のあそび（なわあそび・なわとび）……………………（田中）92
　　6．体育あそびの指導・環境設営の事例 ………………………………（川添）94
　　　(1) 事前の点検 ……………………………………………………………………94
　　　(2) 用具や遊具の配置時の注意 …………………………………………………95
　　　(3) 実際の指導時の配慮 …………………………………………………………96

第6章　障がいのある子どもの体育あそび ………………………（雨宮）99
　1．障がいのある子どもの理解と支援 ……………………………………………99
　　　(1) 障がいの新たなとらえ方 ……………………………………………………99
　　　(2) 視覚障がい ……………………………………………………………………101
　　　(3) 聴覚障がい ……………………………………………………………………102
　　　(4) 肢体不自由 ……………………………………………………………………103
　　　(5) 知的障がい ……………………………………………………………………104
　　　(6) 自閉症 …………………………………………………………………………105
　　　(7) 軽度発達障がい ………………………………………………………………106
　2．体育あそびにおける発達支援 …………………………………………………107
　　　(1) 障がいのある乳幼児への発達支援 …………………………………………107
　　　(2) 体育あそびでの配慮点 ………………………………………………………107
　3．体育あそびにおけるインクルージョン ………………………………………109
　　　(1) インクルージョン（inclusion）という考え方 ……………………………109
　　　(2) 特殊教育から特別支援教育へ　～一人ひとりのニーズに応じた特別な支援～ …109
　　　(3) 障がいのある子どももいっしょの体育あそび ……………………………109
　4．障がいのある子どもの体育あそびの事例 ……………………………………111

第7章　親と子のふれあい運動 ………………………………………………112
　1．親と子のふれあいと育ち ………………………………………………（奥富）112
　　　(1) 親と子のふれあい　～その芽生え～ ………………………………………112
　　　(2) 母子のふれあいと愛着形成 …………………………………………………112

(3) 親子のふれあいの促進 ……………………………………………… 113
　　(4) 親子のコミュニケーションとスキンシップ ……………………… 114
　2．親子体操，親子リズム，親子の運動ゲーム ……………………（前橋） 115
　　(1) 親子体操の魅力 ……………………………………………………… 115
　　(2) 親子体操実施上の留意点 …………………………………………… 116

第8章　運動会 …………………………………………………………………… 118

　1．運動会の計画 ……………………………………………（桐原）・（石沢） 118
　　(1) 運動会のとらえ方 …………………………………………………… 118
　　(2) 運動会を計画するうえでの配慮 …………………………………… 118
　　(3) プログラムを編成するうえでの配慮 ……………………………… 119
　2．運動会の運営 ………………………………………………………………… 121
　　(1) 運営にあたっての配慮 ……………………………………………… 121
　　(2) 進行表と種目カード ………………………………………………… 121
　3．種目の実際例 ………………………………………………………………… 124
　　(1) 個人の競技種目 ……………………………………………………… 124
　　(2) 集団の競技種目 ……………………………………………………… 125
　　(3) 演技種目 ……………………………………………………………… 127
　　(4) 園児以外が参加する種目 …………………………………………… 129

第9章　幼児体育指導における安全と応急手当 …………………………… 130

　1．応急手当の基本 …………………………………………………（髙内） 130
　　(1) 幼児の体育指導時によく起こるけがと応急手当 ………………… 130
　　(2) 心肺蘇生法について ………………………………………………… 133
　2．運動あそびと安全教育 …………………………………………（石沢） 135
　　(1) 保育現場での事故実態 ……………………………………………… 135
　　(2) 事故の原因 …………………………………………………………… 136
　　(3) 保育現場での事故防止 ……………………………………………… 136
　　(4) 施設・遊具の安全管理と安全指導 ………………………………… 137
　　(5) 運動あそびと安全教育 ……………………………………………… 138
　　(6) 子どもの安全能力を高めるあそび ………………………………… 138

コラム：こんな体育指導，どうですか？ ……………………………（馬場） 141

文　献　143

第1章　幼児体育の意義と役割

1. 子どもを取り巻く諸問題と体育の役割

　わが国では，子どもたちの学力低下や体力低下，心の問題の顕在化が顕著となり，各方面でその対策が論じられ，教育現場では悪戦苦闘している。子どもたちの脳・自律神経機能の低下，不登校や引きこもりに加えて，非行・少年犯罪などの問題も顕在化しており，それらの問題の背景には，幼少児期からの「生活リズムの乱れ」や「朝食の欠食」，「親子のきずなの乏しさ」等が見受けられ，心配している。

　子どもたちが抱えるさまざまな問題も，その実態を分析してみると，幼少児期からの「生活習慣の悪さとそのリズムの乱れ」や「家族のコミュニケーションの弱さ」が浮き彫りになった。結局，子どもたちの睡眠リズムが乱れると，摂食のリズムが崩れて朝食の欠食・排便の無さへとつながる。その結果，朝から眠気やだるさを訴えて午前中の活動力が低下し，運動不足となって自律神経機能の低下が起こる。そして，昼夜の体温リズムが乱れ，続いて，ホルモンリズムが崩れて体調不良になり，さらに，精神不安定に陥りやすくなって，行きつくところ，学力低下，体力低下，心の問題を抱える子どもたちが増えていく。

　それらの問題の改善には，ズバリ言って，大人たちがもっと真剣に「乳幼児期からの子ども本来の生活」を大切にしていくことが必要である。

①夜型の生活を送らせていては，子どもたちが朝から眠気やだるさを訴えるのは当然である。

②睡眠不足だと，注意集中ができず，また，朝食を欠食させているとイライラ感が高まるのは当たり前である。保育中や授業中にじっとしていられず，歩き回っても仕方がない。

③幼いときから，保護者から離れての生活が多いと，愛情に飢えるのもわかる。親のほうも，子どもから離れすぎると，愛情が維持できなくなり，子を愛おしく思えなくなっていく。

④便利さや時間の効率性を重視するあまり，徒歩通園から車通園に変え，親子のふれあいや歩くという運動量確保の時間が減ってくる。その結果，コミュニケーションが少なくなり，体力低下や外界環境に対する適応力が低下していく。

⑤テレビやビデオの使いすぎも，対人関係能力や言葉の発達を遅らせ，コミュニケーションのとれない子どもにしていく。とくに，午後の運動あそびの減少，地域の異年齢によ

るたまり場あそびの崩壊，テレビゲームの実施やテレビ視聴の激増が生活リズムの調整をできなくしている。

　これらの点を改善していかないと，子どもたちの学力向上や体力強化は図れないであろう。キレる子どもや問題行動をとる子どもが現れても不思議ではない。ここは，腰を据えて，乳幼児期からの生活習慣を整えていかねばならないだろう。生活習慣を整えていくうえでも，1日の生活のなかで，一度は運動エネルギーを発散し，情緒の解放を図る機会や場を与えることの重要性を見逃してはならないのである。そのためにも，幼児期には，日中の運動あそびが非常に大切となる。運動とか戸外あそびというものは，体力づくりはもちろん，基礎代謝の向上や体温調節，あるいは脳・神経系のはたらきに重要な役割を担っている。園や地域において，ときが経つのを忘れて，あそびに熱中できる環境を保障していくことで，子どもたちは安心して成長していける。

　なかでも，体温が高まって，心身のウォーミングアップのできる午後3時ごろから，戸外での集団あそびや運動が充実していないと，発揮したい運動エネルギーの発散すらできず，ストレスやイライラ感が鬱積されていく。そこで，日中，とくに午後3時以降は，室内でのテレビ・ビデオ視聴やテレビゲームにかわって，太陽の下で十分な運動あそびをさせて，夜には心地よい疲れを得るようにさせることが大切である。

　つまり，健康的な生活リズムづくりのためには，運動あそびの実践が極めて有効であり，その運動あそびを生活のなかに積極的に取り入れることで，運動量が増して，子どもたちの睡眠のリズムは整い，その結果，食欲は旺盛になる。健康的な生活のリズムの習慣化によって，子どもたちの心身のコンディションも良好に維持されて，心も落ち着き，カーッとキレることなく，情緒も安定していくのである。

　ところが，残念なことに，今はそういう機会が極端に減ってきている。この部分を何とかすることが，体育指導者に与えられた緊急課題であろう。生活は，1日のサイクルでつながっているので，1つが悪くなると，どんどん崩れていく。しかし，生活の節目の1つ（とくに運動場面）が良い方向に改善できると，次第にほかのことも良くなっていくというロマンがある。そのために，身体活動や運動を取り扱う幼児体育指導者に期待される事柄は，非常に大きいものがある。良い知恵を出し合い，子どもたちの健全育成のために，がんばろうではないか。

2.　幼児体育とは

　幼児の「体育」を幼児のための身体活動を通しての教育としてとらえると，「幼児体育」は，各種の身体運動（運動あそび，ゲーム，スポーツごっこ，リトミック，ダンス等）を通して，教育的角度から指導を展開し，運動欲求の満足と身体の諸機能の調和的発

達を図るとともに，精神発達を促し，社会性を身につけさせ，心身ともに健全な幼児に育てていこうとする営みであると考えられる。

また，体育が教育である以上，そのプロセスには，系統化と構造化が必要であろう。つまり，幼児の実態を知り，指導の目標をたて，学習内容を構造化して，指導方法を工夫・検討し，その結果を評価し，今後の資料としていくことが必要である。

したがって，「幼児体育」を子どもの全面的発達をめざす幼児教育全体のなかで位置づけることから出発したい。そして，指導は，体育あそびが中心となるので，健康・安全管理の配慮のもとに展開されることが重要である。

ここでいう「体育あそび」とは，教育的目標達成のため，社会的な面や精神的な面，知的な面を考慮に入れた体育教育的営みのある「運動あそび」のことである。つまり，体育あそびでは，身体活動を通して身体の発育を促したり，楽しさを味わわせたり，体力や運動技能を高めることもねらっている。さらに，友だちといっしょに行うので，社会性や精神的な面も育成できる。そして，そのプロセスでは努力する過程があることが特徴である。

3. 幼児体育のねらいと指導方法

（1） 幼児体育のねらい

幼児期の体育指導の場で大切なことは，運動の実践を通して，運動技能の向上を図ることを主目的とするのではなく，「幼児がどのような心の動きを体験したか」「どのような気持ちを体験したか」という「心の動き」の体験の場をもたせることが最優先とされなければならない。

つまり，心の状態をつくりあげるために体を動かすと考えていきたいのである。

そして，今日の子どもたちの様子を考慮すると，次の3点を，幼児体育のねらうこととして大切にしていきたい。

①自分で課題をみつけ，自ら考え，主体的に判断して行動していく意欲と強い意志力を育てる。

②他者と協調し，友だちを思いやる心や感動する心がもてる豊かな人間性を育てる。

③健康生活を実践できる体力や運動スキルを身につけさせる。

（2） 幼児体育の指導方法

幼児の体育指導は，まず，指導者のもつ子ども観からはじまり，これが具体的なレベルに引き下ろされ，展開されていくものであろう。そこには，指導者自身の個性や経験が反映されていくものであるし，対象児によって，指導方法やはたらきかけが異なったものに

なるのは当然である。

　そこで，指導の方法について考えてみたい。まず，指導者からの意図的なはたらきかけのなかで，①直接行動の指標を示す指導（しつけ的なはたらきかけ）がある。

　この指導は，価値観を含んだ内容が，指導者から，直接に示される。とくに，あそびや運動のルールや安全上のきまりに関するものが多い。これにより，子どもは活動がしやすくなるといえる。ただ，内容や状況により，考えさせる指導と，どちらがふさわしいかを選択するか，組み合わせるかして用いる必要がある。

　次に，②子どもたちに考えさせる指導がある。この指導は，直接行動の指標を示す指導と対照的に，ときに望ましくない行動が生じた際に用いられることが多い。この指導により，指導者が一方的に行為の方向性や善し悪しを示すのではなく，取り上げられている運動や課題を子どもたち自身のこととして受け止めさせることができる。

　ただし，対象児にこの指導が可能な発達レベルかどうかは見極めることが必要であろう。また，ときには，この考えさせる指導法は，お説教という状況で行われる場合もある。話の聞き方に対する指導者のコメントを伝える場合に，よく見受けられる。

　さて，次は，指導のテクニックであるが，主なものをあげると，まず，「幼児の望ましい行動を認め，他の子どもに知らせる」方法がある。望ましい行動をとった子どもについて，「○○ちゃん，えらかったねー」「○○ちゃんは早かったので，みんなで拍手しましょう」「きちんと座って，お話を聞いている人がいるね」のように，望ましい行動はその場で認め，広く他児にも示す。

　望ましくない行動には，直接，指摘するのではなく，望ましい方法を示したり，婉曲的な方法をとったりする。ときに，婉曲的な指示として，急がせるときや活動時に，「女の子は早いよ」「10，9，8，7……」「○○君が早かった」等の表現が用いられる。

　また，指導者の無言語的指導として，「表情や態度で示す」方法がある。子どもたちは，指導者の表情や態度から，価値観をみつけたり，善し悪しを判断したりする。子どもたちにとっては，大好きな指導者が共感したり，認めてくれたりしたものが，直接には行動の指標となったり，間接的には活動をより発展させる意欲づくりにつながったりする。その一方で，望ましくない行動については，言葉だけでなく，態度で示される。つまり，子どもたちが考えたり，判断したりする材料を，いろいろな場面で，指導者が子どもたちに対して，言語的・非言語的に明確に打ち出すのである。

　とくに，「指導者の存在自体が子どもの注意を喚起する」ことを忘れてはならない。指導者の存在自体が，子どもの活動に影響を与えるのである。つまり，指導者が行っているからこそ，子どもはその活動に興味をもったり，先生といっしょに行いたいと思ったりするのである。少し積極的・意図的に，活動をまわりの子どもに知らせようとする場合に有用であろう。

要するに，幼児体育の指導者は，おのおのの子どもが成功するよう援助する必要があり，模範や示範など，広く多様な指導テクニックを用いて指導しなければならない。

さらに，指導者は，活動や体力・健康的な生活において，熱心にそれらの良きモデルとなるように努力すべきである。成功感のもてる前向きな経験は，子どもたちの人生のなかで，次の新たな実践へと結びつけていくのである。

4. 幼児体育の指導内容

日本では，幼児体育の指導内容は，初等体育の指導内容を参考にして，構成が考えられてきた経緯があり，これまで，歩・走・跳の運動，模倣の運動，リズム運動，体力づくりの運動（体操を含む），用具を使った運動（ボール運動，縄・ロープを使っての運動，輪を使っての運動，廃材を使っての運動，タイヤを使っての運動など），移動遊具を使っての運動（平均台運動，マット運動，とび箱運動，トランポリン運動など），固定遊具での運動（つり縄運動，登り棒運動，ブランコ運動，すべり台での運動，鉄棒運動，ジャングルジムでの運動など），集団あそび・運動ゲーム（鬼あそび，スポーツごっこ），水あそび・水泳，サーキットあそび，雪あそび等が主な内容として紹介されている。また，四季の特徴を大切にしながら，月ごとに運動例をとりあげて紹介されているものも多い。そのような状況のなかで，昭和時代の終わりごろから，少しずつ，アメリカの初等体育・運動発達理論の影響を受けて，わが国の指導内容は吟味されてきている実態がある。

さて，ここで，指導内容を提示するにあたっては，指導の内容は「幼児のための体育」の目的を達成するものでなければならないので，再度，幼児体育の目的を確認したい。幼児体育の目的は，子どもたちが生き生きとした人生を楽しむのに必要なスキル・知識・態度の基礎が身につくような「動きを中核にした学習の場」を多様に供給することである。そのことを考えると，指導の内容として，とくに，多様な基本的運動スキルや知覚運動スキル，動きの探究，リズム，体操，簡易ゲーム，水あそび・水泳，健康・体力づくり活動は，幼児体育の目的を達成し，人生のなかで生きていくスキルを発展させるために役立つ領域だと考える。

なかでも，基本運動スキルの初歩的段階は一般的に4〜5歳ごろで，そのころから基本運動スキルを身につけさせたいものである。1つの段階から次の段階への前進は，練習の機会の多さとその質によって異なるが，幼児期の子どもたちにとっては，就学前までには，基本運動スキルのレパートリーを広く発展させたいものである。

そこで，幼児体育の目標を達成するために，平成時代に入ってから提示されている，次の8つの指導領域と，その内容を紹介しておきたい。

（1） 基本運動スキル（fundamental movement skills）

　移動運動やその場での運動，バランス運動，操作運動などの基本運動を理解して，遂行できるようにさせる。また，身体のもつ機能に気づかせ，動きを練習するなかで，自信をつけていく。これらの基礎的な運動スキルは，生涯のなかで経験するスポーツやダンス，スタンツ，回転運動，体力づくりの専門的スキルづくりの土台となる。

- 歩・走・跳・ホップ・スキップ・スライド・ギャロップ等の基本的な移動系運動スキル
- 伸ばす，引く，押す，曲げる，回る等の非移動系運動スキル（ノンロコモータースキル）
- 平衡系の動きの能力と慎重さ
- 操作系運動スキルの能力：例えば，止まっている物体や動いている物体にボールを投げたり，受けたり，蹴ったり，打ったりする動き
- 移動系の運動や非移動系の運動，バランス運動，操作系の運動を複合した動きの能力

（2） 知覚運動スキル（perceptual-motor skills）

　知覚した情報を受けとめ，理解・解釈し，それに適した反応を示す能力（身体認識，空間認識，平衡性，手と目・足と目の協応性の能力）を促進させる。

①身体認知（body awareness）

- 頭，目，鼻，耳，足指，足，腹，腕，背中などの主な身体部位の見極め
- 伏臥(ふくが)姿勢や仰臥(ぎょうが)姿勢，ひざ立ち姿勢，座位および立位姿勢の認識と体験
- 口頭による指示で，模倣ができるようにさせる。物体や動物がどのように動くかを学んだり，思い出したりして，それらの動きを模倣してみせることができるようにさせる。

②空間認識（spatial awareness）

- 上下の概念，空間的な認知能力
- 左右の概念の理解：身体の左右の部分の動きを知り，使い分ける。例えば，左右の腕を個々に動かしたり，同時に動かしたり，あるいは交互に使ったりさせる。足も同様に，個々に，同時に，交互に使えるようにさせる。さらに，同じ側の手と足を同時に使ったり，反対側の手と足を同時に使ったりさせる。なお，ジャンピングジャックスのように両手と両足を同時に使うことができるようにもさせる。
- 身体の各部分のつながり，線や円，四角などの基本的な形の理解
- 自己の身体の外にある空間の理解，身体と方向との関係の理解：前後・左右に動く。

③平衡性（balance）

　平衡性とは，バランスを保つ能力のことで，動きながらバランスをとる動的平衡性と，その場で静止した状態でバランスをとる静的平衡性とに分けられる。動的平衡性では，平均台の上を歩いて渡ることができるようにさせる。また，静的平衡性では，片足立ちで自己の身体のバランスをとるようにさせる。

④協応性（coordination）

　手と目，足と目の協応性を必要とする動きを，正確に無理なく示すことができるようにさせる。

（3）　動きの探究（movement exploration）

- 動きのなかで使用する身体部分の理解：頭や腕，手，脚，足のような基本的な身体部位の名称や位置を見極めさせる。
- 自己の空間の維持：曲げたり，伸ばしたり，振ったり，歩いたり，ホップしたり，ジャンプしたり等の動きを通して，身体をとりまく空間における動きの可能性を知る。
- 空間を使っての，安全で効率のよい動き：いろいろな方法で動いているときに，人や物に関して，自己コントロールできるようにする。
- 動いているときの空間や方向についての概念：前後，上下，横方向への移動を重視する。
- 静止した状態で，異なった身体部分でのバランスのとり方の工夫：いろいろな姿勢で身体を支えるために，試行錯誤する学習過程を重視する。
- 物体を操作するための多様な方法の発見：フープやロープ，ボール，お手玉などの用具の創造的な使い方を重視する。
- 多様な移動運動スキルの実践：歩・走・跳・ホップ・ギャロップの動きを重視する。

（4）　リズム（rhythms）

　子どもたちは，リズム運動のなかでの各運動スキルの実行を通して，身体の使い方をより理解できるようになる。
- 音楽や動きに合わせて，適切に拍子をとる。また，踊ったり，体操したり，簡単な動きを創る。
- 一様のリズムや不規則なリズムの運動パターン，軸上のリズミカルな運動パターンをつくり出す。例えば，一様の拍子で走って，不規則な拍子でスキップをする。
- 怒りや恐れ，楽しさ等の情緒を，リズム運動を通して表現する。
- リズミカルなパターンを創作する。

（5）　体操（gymnastics）

- 丸太ころがりや前まわり，後ろまわり，バランス運動のような回転運動やスタンツの実践。
- 走る，リープ，ホップ，ジャンプ，ギャロップ，スライド，スキップ，バランス，まわる等の簡単な動きの連続。
- ぶら下がったり，支えたり，登ったり，降りたりする簡単な器械運動。

（6） 簡易ゲーム（games of low organization）

簡易ゲームのなかで，動作や知識，協調性の能力を適用し，熟達できるようにさせる。とくに，輪になってのゲーム，散在してのゲーム，線を使ってのゲームを経験させ，基礎的な動きを身につけさせる。操作系の運動あそびと簡易ゲームのなかでは，とくに，お手玉やボールを投げたり，受けたりして操作能力を身につけさせるとともに，縄やロープのとび方やパラシュートを使ったさまざまなゲームや運動を経験させる。さらに，簡単なゲームを行わせ，協調性を身につけさせる。

（7） 水あそび・水泳（swimming）

水の中での移動系運動スキルや非移動系運動スキルの能力を養う。例えば，水中で支えたり，沈まずに浮いていたり，身体を推進させて調整できるようにさせる。
- 水中で動きを連続できるようにさせる。
- 水中で身体がどのように動くかを理解できるようにさせる。

（8） 健康・体力づくり（health related fitness）

個人の健康は，予期せぬ状況に立った場合にでも，十分なエネルギーで毎日を生きぬいたり，レジャー時代における運動参加を楽しむことのできる能力を示す。健康的な良いレベルに達するよう設定された各種の運動に参加する機会を子どもたちに与えることは，極めて大切なことである。

したがって，体力づくりを持続させるための興味づくりを工夫する必要がある。さらに，子どもたちには，体格や心臓・呼吸器機能，柔軟性，筋力，持久力を含む体力の要素に関連した生理学的な基礎知識を説明できるように育てるとともに，自己の生活のなかで健康の原理を適用できるようにさせたいものである。
- 健康的な生活の構成要素としての運動の重要性の認識と体力を高める運動の実践
- バランスのとれた食事の基礎的知識
- 主要な身体部分や器官のはたらきと位置の理解，正しい姿勢の理解
- 運動あそびでの熱中，楽しさ，満足

なお，近年の幼児の身体や生活実態と照らし合わせてみて，日本の幼児に必要とされる運動の内容を表1-1に示した。なかでも，逆さ感覚や支持感覚，回転感覚を育てる倒立や回転運動，反射能力やバランスを保ちながら危険を回避する鬼あそびやボール運動，空間認知能力を育てる「はう」・「くぐる」・「まわる」・「のぼる」等の運動の機会を積極的に設けてやりたいものである。また，自律神経を鍛え，五感を育み，身体機能を促進する戸外での運動やあそびをぜひとも大切にしてもらいたいと願う。

表1-1 保育者が保育のなかで重視している体育的内容と，小学校教育関係者の幼児期の体育に対する要望

(1) 幼児に経験させたい運動（保育者および小学校教師）
・できるだけ多くの種類の運動
・倒立や回転運動など，生活のなかで経験することの少ない運動
・逆さ感覚や回転感覚，リズム感覚，器用さ，柔軟性や持続力の養える運動
・自然のなかでの活動，とくに山を登ったり，小川を跳び越えたりする能力が養える運動
・反射能力を高め，危険を回避する能力を養う運動
・自己の身体を支える運動
・鬼あそび
・自己を豊かに表現するリズム表現運動
・縄やボール等の操作性の能力が育つ運動
・器械運動に結びつく運動

(2) 小学校体育の立場から「幼児の体育に期待すること」
・技能的側面からの指導ではなく，発達段階を十分に考慮した「人間形成」をめざす指導であってほしい。
・技術の向上より，動きのレパートリーの拡大に目を向けてほしい。
・楽しんで活動できる雰囲気のなかで，さまざまな運動体験をさせてほしい。
・無理強いをさせないで，子どもの興味や関心に合わせて多様な運動の場を自然な形で用意してもらいたい。
・技術ばかりに走らず，仲よく，助け合い，協力し合う思いやりの心を育てること，規律を守ることを重視してもらいたい。
・運動の楽しさや器用さづくりをねらってほしい。

(3) 小学校教育関係者が望む「幼児体育のあり方」
・特定の運動をさせたり，技術面の向上のみをねらうよりは，いろいろな運動あそびを体験させ，運動に慣れ親しむことと，多様な動きをあそびを通して身につけること。
・下手でもよいから，多様な動きを経験させ，すすんで動くことや運動すること，遊ぶこと自体に喜びを感じ，楽しんで行う子に育てること。
・幼児がもっている力で，力いっぱい運動し，動くことの楽しさや喜びを体得させること。
・身体を巧みに操る力「調整力」の向上に重点を置くこと。
・感覚的なことは，小さいころから身につくので，回転感覚や逆さ感覚を幼児期から指導していくこと。
・いろいろなものにはたらきかけ，あそびを自分なりに次々と創っていける創造性の養える体育であること。
・幼児期に高度な課題を与えないで，もっと転んだり，走ったり，跳んだりするとともに，もっと戸外で土に親しませての身体づくりをすること。
・戸外（自然）での運動経験を増やすこと。

〔前橋 明：幼少年期の体育はどうすべきか，幼児教育と小学校体育の連携を，体育教育，大修館書店，pp.30-31，1999〕

第2章　子どものあそびと発達

1. 子どもの発達

（1）幼児教育における発達のとらえ方

　幼児期の子どもにとって，「発達」という視点は切っても切れないものである。生活のさまざまな場面において，その子どもの発達について考えさせられる場面が多くある。幼児体育の領域においても子どもの発達に沿った，幼稚園教諭，保育士の指導・援助というのは不可欠である。本章では，発達のとらえ方の基本と幼児体育とのかかわりについて解説していく。

1）年齢差（月齢差），個人差が大きい

　この時期の子どもは，日々成長する。1か月ごとにできることが多くなっていくことを前提に，幼稚園教諭，保育士は子どもとかかわっていく必要がある。また，同じ4歳児でも4月に生まれた子どもと3月生まれの早生まれの子どもでは，1年近く発達の段階が異なる。また，個人差が大きいのもこの時期の子どもの特徴である。同じ月に生まれた4歳児でも，運動発達や言葉の理解がはやい子どもと遅い子どもがいる。また，同じ子どもでも，運動は得意だが絵や造形は苦手といったように得意・不得意がある。幼稚園教諭，保育士は，これらを踏まえ，子ども個人の発達段階を的確にとらえよう。

2）おのおのがかかわり合いながら総合的に発達する

　この時期の子どもの発達は，ひとつの能力のみが発達していくのではなく，おのおのがかかわり合いながら発達していく。とくに3歳児までは，知能の発達と運動発達が相関するといわれている。幼児教育では，ひとつのあそびを通してさまざまなことを複合的に学ぶことができるというとらえ方（保育内容等参考）をするが，ひとつのあそびを通して，ことばや人間関係，運動能力などが複合的に発達していく。

3）発達は順調に進むだけでなく，もどってしまうこともある

　この時期の子どもの発達は，順調に進んでいくわけではない。はやく進むこともあれば，ゆっくり進むこともあるし，ずっと停滞していたものが急に進むこともある。また，順調にひとつずつ進んでいくのではなく，逆に昨日できていたものが今日はできないというように戻ることもある。幼稚園教諭，保育士は，このような発達の特徴をとらえ，おおらかにゆとりをもって子どもの発達を支援していく必要がある。

（2） 子どもの身体的発達

　幼児と接する幼稚園教諭，保育士，保護者にとって，子どもの発達のなかで身体の発達は最も目に見えやすく，日々（月ごとに）背が伸びたり，体格がよくなるという点から子どもの成長を実感できることが多々あるだろう。身体は運動を行うための基礎的条件となるため，身体の発達を把握することは幼児体育の指導者にとって重要なことである。身体の発達とひとくちに言っても，さまざまな組織の発達から成り立っている。骨・骨格の形成，筋肉の発達，身体のバランス（プロポーション）の変化などである。そして，これらの身体の発達は運動の発達と相関し，つながっていくのである。

1） 身体のバランス，プロポーションの変化

　図2-1は，身長を1として，同じ縮尺で小児から大人までをひとつの図に示したものである。どのような特徴が挙げられるだろうか。

　頭の大きさと身体のバランスについてはどうか。胎児は2頭身，新生児は4頭身，5歳児は5.5頭身，13歳は6頭身，成人は7等身程度である。身体のバランスは，5歳児まで変化し，13歳までにおおかた成人と同じように整っていく。2歳児の子どもが歩く際に，バランスを崩して頭から倒れてしまうことがあるが，それはここで挙げられたように，身体に対して頭の比率が大きく，頭の重さで転んでしまうからである。

　全身に対する手足のバランスについては，どうだろうか。胎児～新生児は，体幹（胴体）に比べて手足が短くなっている。胎生2か月の脚は全身の8分の1程度，新生児では3分の1程度である。5歳児は，身体の5分の2程度，成人は身体の半分弱が脚である。腕は，新生児までは短く，2歳児，5歳児は脚にくらべて手が長いという特徴がある。手足の短い小児期は，体幹部分（胴体）の運動を中心に行う時期であり，手足の長くなる2歳児～6歳児までが手足を含めた末端を使った運動を学習していく時期である。この例は，身体的発達の時期と運動発達の時期が互いに関係していることを示している。

2） 各器官，組織の発達

　手の骨格をみると（図2-2），出生時と成人では骨の数，構造ともに異なる。出生時には主な骨のみであるが，3歳児ごろではその間の細かい骨が形成されていく。5～7歳では手の甲の部分の骨が形成され，11～13歳までの間にしっかりとした構造になる。これは手の骨格の例だが，出生時には大きな骨のみが存在し，成長するにつれて細かい骨が増えていくこと，骨と骨の間が成長するにつれて狭くなることなどの特徴は他の部分でもいえる。

　人間の身体的発達はどのように展開していくのだろうか。これについてはスキャモンがまとめている（スキャモンの発育曲線）。図2-3をみると神経の発達が先で感覚器や身体の発達が後にくることがわかる。まず，人間が生きていくうえで最低限必要な能力の発達が先行し，身体や運動の成長，知能は時間をかけて発達させていくことがわかるだろう。

12 第2章 子どものあそびと発達

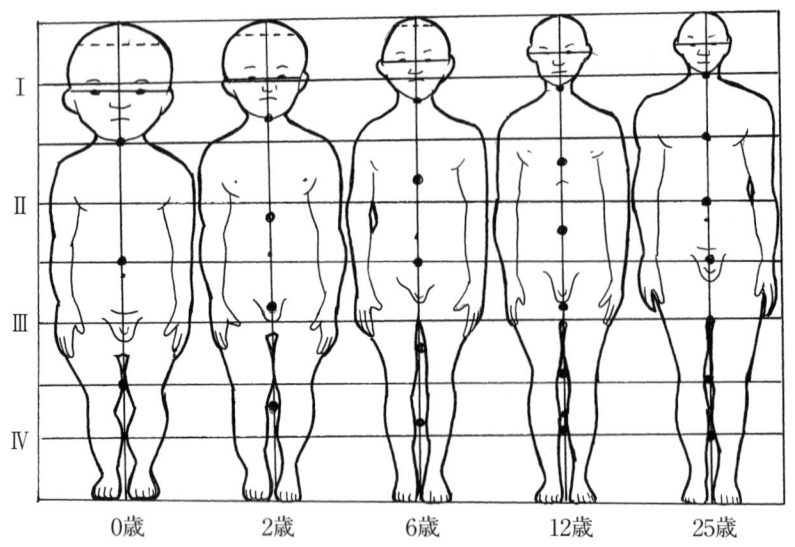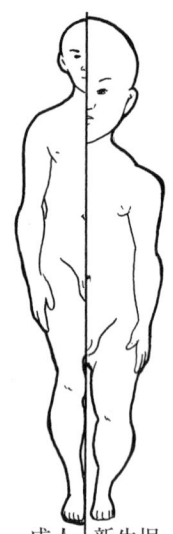

図2-1 身体各部の比率の発達（Stratz, 1922）
〔石河利寛編：子どもの発達と体育指導，大修館書店，p.15, 1978〕

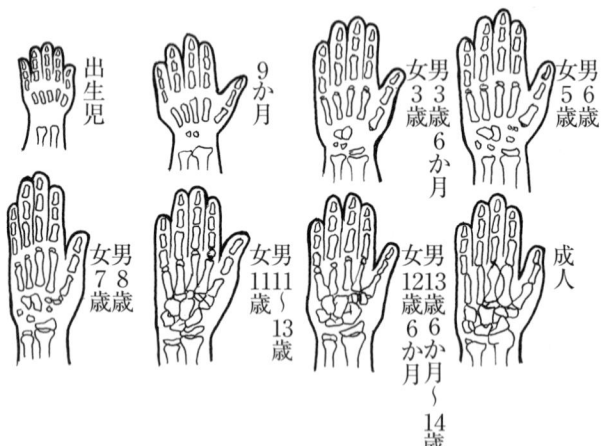

図2-2 骨成熟度（骨年齢）の評価基準模型図
〔朝比奈一男・中川功男：運動生理学 現代保健体育学大系7，大修館書店，p.203, 1989〕

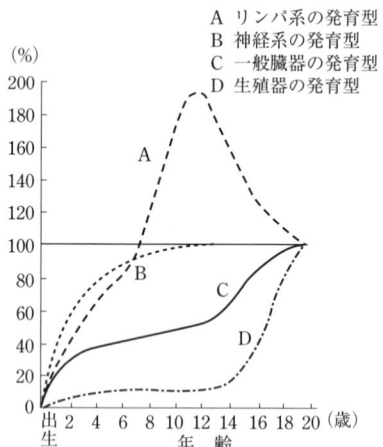

A リンパ系の発育型
B 神経系の発育型
C 一般臓器の発育型
D 生殖器の発育型

図2-3 年齢と臓器重量の変化
（Scammom, 1930）
〔前田如矢・田中喜代次編：健康の科学，金芳堂，p.7, 1999〕

（3） 運動発達

1） 運動発達の特徴

　小児，幼児期の子どもを観察すると，常に動いている。ヨハン・ホイジンガは人間を「ホモ・ルーデンス（遊ぶ人）」と定義したが，子どもの動きは大人に比べてあそびとして行う部分が大きいようである。それは，大人の動きが目的をもっている（例：ものを捕るための動き，スポーツのための動き，ダイエットのための運動など）ことがほとんどであるのと対照的であり，子どもは動くことそのものを楽しんだり，目的をもたない意味のない動きを行ったり，感情を動きを通じて自然に表現したり，動きを通じて人とかかわったり（ことばの発達が未発達な分，動きに頼る部分が大きいといえる）する。幼児期の子どもにかかわったことのある人なら，むしろ，子どもが動かないでじっとしていることのほうが難しいことがわかるだろう。それほど，子どもにとって動きは自然な行為なのである。

　子どもにとっては自然であり，あそびである「動くこと」は，発達の視点からみると重要な役割を担っている。意識するしないにかかわらず，毎日身体を動かすことからできることが増えていく。例えば，乳児期から幼児期にかけては，うつぶせになり，「頭を支える―寝返りをうつ―座位で体を支える―はいはいする―立つ―歩く」と徐々にできる運動要素が増えていく。これら多様な運動ができるようになることは，身体能力を十分に発揮するために必要な運動感覚を身につけることであり，大人になってから経験する専門的な分化した運動（例えばバスケットボールのレイアップシュート等スポーツに特化した動き）につながる基礎の部分を学習することになる。

　おおまかに小児期，幼児期の運動発達の特徴を整理すると以下のようになる。

- 0歳～2，3か月
  - 原始的反射,姿勢反射,不随意系の運動
  - 自分の手で体重を支え，ぶらさがる
  - 相手に対して笑いかける
  - じっと見る
- 1歳～2歳
  - はったり歩いたりする移動系の運動
  - つかむ・放すなどの操作系の運動
  - 立ったり座ったりする平衡系の運動
- 3歳～6歳
  - 身体を制御する能力がほぼ備わる
  - より多様な動きを経験する
  - 動きの成熟度や質の向上を行う
- 4か月～12か月
  - 寝返り
  - 腹ばいで自分の頭を支える
  - はう
  - 座った状態で自分の身体を支える
- 2歳～3歳
  - 歩くことができるようになり，自分の意志で移動する
  - 移動するだけでなく，さまざまな形式の運動について興味・関心をもち，チャレンジする

14　第2章　子どものあそびと発達

2）　指導者として知っておくべき運動発達の基礎知識

　表2-1・2・3にみられるように，体を支える，立つ，歩く，走る，跳ぶ，打つ，投げる，蹴る，体をひねる，体を曲げる等のさまざまな運動要素は，発達にともなって獲得されていく。これらの運動要素は成長するうえで身につけるべき基本的な運動技能（スキル）であるといえる。ガラヒューはこれら人間として獲得すべき基本的技能や感覚について図2-4のようにまとめている。

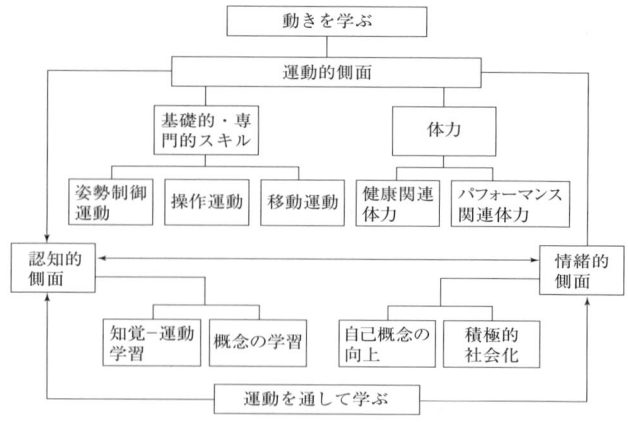

図2-4　子どもの運動発達の側面
〔D. Gallahue，杉原隆監訳：幼少期の体育－発達視点からのアプローチ－，大修館書店，p.24，1999〕

　ガラヒューが示したのは，ムーブメント教育の考え方である。これは，人間が生きていく営みのなかで人間として獲得すべき基本的な運動技能（スキル）や運動感覚を身につけることが重要であるという考え方である。ムーブメント教育論においては運動技能の習得と運動感覚を認識したり知覚したりすることの2つの柱にそって学習することが重要であると考えられている。運動技能の習得については1つとして，歩く，走る，跳ぶ，スキップする，スライドする等の運動の基本的要素を身につけること，また，曲げる，伸ばす，ひねる等の基本的な身体の動かし方を身につけることが挙げられる。運動感覚を認識・知覚することは動いている自分の身体をどのように本人が感じられるのかといった問題や，思い描いたように身体を動かすことができるのかという事柄を示している。この運動感覚を認識・知覚することは，運動のパフォーマンスのように目に見える形で表れない本人の頭の中でのできごとなので，とらえにくく，本で勉強しても理解しにくいという欠点があるが，運動を学習し，発達させていくうえで非常に重要な概念である。

　例えば，仮に未成熟なフォームから，より成熟したフォームへと発達を進める際に，指導者がアドバイスを行ったとしよう。その場合，自分の身体や動きを自分の頭の中で思い描くことができなければアドバイスの意味がわからないし，自分の動きをイメージどおりに動かすことができなければ自分の動きのフォームを修正することができないのである。場合によっては，本人の頭の中では上手に行えているというイメージがあるのにもかかわらず，実際は行えていない場合に指導者からアドバイスをされると，自分だけ注意をされたという嫌な印象だけのこり，運動を学習するうえではむしろマイナスになる。したがって，運動を学習し，運動発達を促進する際に，自分の動きや身体をイメージできることや自分の思い通りに身体を動かすことができることが重要であることがわかる。

表2-1　移動系能力の出現時期

運動形態	段階	出現時期
歩く	直立して，補助なしでの，最初のよちよち歩き	13か月
	横への歩行	16か月
	後ろへの歩行	17か月
	補助つきで階段を上る	20か月
	1人で階段を上る（同じ足を先行させる）	24か月
	1人で階段を下りる（同じ足を先行させる）	25か月
走る	はや歩き	18か月
	最初の真の走り（一瞬，両足とも地面から離れる）	2～3歳
	効率的で修正された走り	4～5歳
	スピード走	5歳
とぶ	低い物の上から下りる	18か月
	両足で飛び下りる	2歳
	両足で跳び上がる	28か月
	幅とび（約90cm）	5歳
	高とび（約30cm）	5歳
ホップ	利き足による3回の片足その場とび	3歳
	両足での4～6回の片足その場とび	4歳
	両足での8～10回の片足その場とび	5歳
	15mの距離を約11秒で片足とび	5歳
	リズミカルに交替しながらの上手な片足とび	6歳
ギャロップ	初歩的，非効率的なギャロップ	4歳
	巧みなギャロップ	6歳
スキップ	片足スキップ	4歳
	巧みなスキップ（約20％の子どもができる）	5歳
	ほとんどの子どもができるようになる	6歳

〔D. Gallahue，杉原隆監訳：幼少期の体育－発達視点からのアプローチ－，大修館書店，pp.41-43，1999〕

表2-1・2・3

表 2-2 操作系能力の出現時期

運動形態	段　　階	出現時期
手を伸ばす	原初的な手を伸ばす行動	2〜4か月
つかむ	物を手で囲む	2〜4か月
放す	手のひらでつかむ	3〜5か月
	指先でつかむ	5〜10か月
	コントロールしてつかむ	12〜14か月
	コントロールして放す	14〜18か月
投げる	体を正対させ，両足は静止したままで，前腕を伸ばしただけで投げる	2〜3歳
	上と同様にして，体の回転を加えて投げる	3.6〜5歳
	投げる腕と同側の足を踏み出して投げる	5〜6歳
	投げ方が完成される	6.6歳
	男子のほうが女子よりも投げ方が発達する	6歳以降
つかまえる	ボールを追いかける・空中のボールには反応しない	2歳
	空中のボールに反応するが，腕の動作は遅れる	2〜3歳
	腕の位置について，教えてあげる必要がある	2〜3歳
	逃避反応（頭を避ける）	3〜4歳
	体でのバスケット・キャッチ	3歳
	小さなボールを両手だけでつかまえる	5歳
蹴る	ボールを足で押す	18か月
	足を伸ばし，わずかに体を動かして蹴る	2〜3歳
	足を曲げ，後方へ上げてから蹴る	3〜4歳
	腕と反対の足を，大きく後方へ振り上げ，力強く蹴る	4〜5歳
	蹴り方が完成される	5〜6歳
打つ	対象に正対し，腕を垂直に振る	2〜3歳
	横向きに立ち，腕を水平に振る	4〜5歳
	上体と腰を回し，体重を前に移して振る	5歳
	水平打ちが完成される	6〜7歳

表2-3 平衡系能力の出現時期

運動形態	段階	出現時期
動的バランス	1インチ（2.5cm）の直線上を歩く	3歳
	1インチ（2.5cm）の曲線上を歩く	4歳
	低い平均台の上に立つ	2歳
	4インチ（10cm）の広い平均台の上を少し歩く	3歳
	同じ平均台の上を，足を交互にして歩く	3～4歳
	3～4インチ（7.5cm～10cm）の平均台の上を歩く	4歳
	初歩の前転	3～4歳
	巧みな前転	6～7歳
静的バランス	つかまり立ち	10か月
	何もつかまらないで立つ	11か月
	1人で立つ	12か月
	片足で3～5秒間バランスがとれる	5歳
	逆さにして体を支えられる	6歳
軸運動（曲げたり，伸ばしたり，ひねったり，まわしたりするような静的な姿勢）	軸運動の能力は，幼児の初期の段階から発達し，投げる，つかまえる，蹴る，打つ，止めるなどの操作的形態に含まれながら，徐々に修正される	2か月～6歳

　さらに，これらの表に示されたような運動発達には，ひとつの法則があることが知られている。これは発達の方向性とよばれているが，人間の運動発達は中心から末端へと展開していくという法則である。体幹（胴体）の大まかな動きが発達した後に，手先，足先の細かな動きの発達がはじまる。また，大まかな動きができるようになった後に，特定の状況下での動きができるように展開する（例えば，バランスをくずさないで重心移動ができるようになった後に，歩くときの重心移動や走るときの重心移動ができるようになる）ことを，「分化」という。また，ある運動を行う際に，2つ以上の動きを組み合わせて行えるようになる（例えば，軸足のバランスを失わずにボールを蹴ることができること）ことを，「統合」という。この発達の「分化」と「統合」についても知っておくべき運動発達の基礎知識のうちのひとつである。

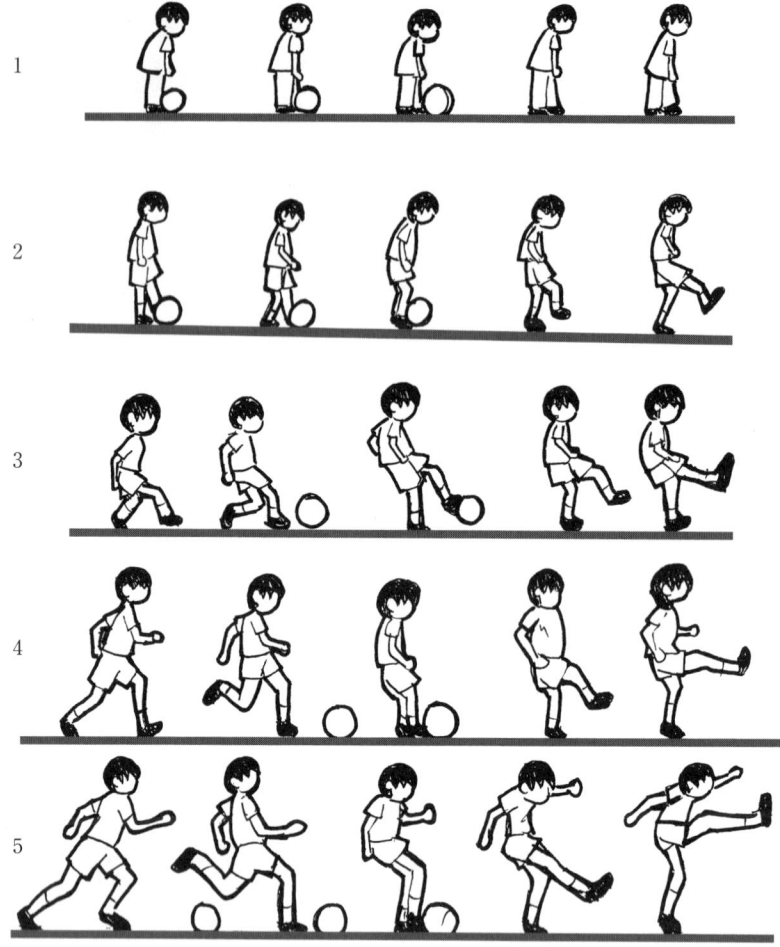

図2−5　蹴る動作の発達段階

〔三宅一郎他：1歳から12歳の幼児及び児童におけるボールキック能力の発達過程，中京体育学研究21(1)，中京大学学術研究会，pp.122−133，1981〕

　さらに運動発達において，多種多様な運動ができるようになるだけでなく，ひとつの運動技能であっても，未成熟な運動のフォームから徐々に成熟していくということにも着目するべきである。このような運動の「質」の部分も運動発達の重要な視点である。

　例えばボールを蹴る動作の発達について，研究した図2−5を見てみると，同じボールをける動作でも差があることがわかるだろうか。例えば1の動作では，蹴る動作の前に少し脚を後ろに引く動作があるだけだが，3ではボールから離れた場所から一歩踏み込んでボールを蹴っている。これはボールを蹴る準備動作というが，この準備動作の点で大きく異なることがわかるだろう。また，上半身の動きについても1ではほとんど動きがないが，2では少し腕を後ろに振る動作があり，4では腕の振り幅がより大きくなっている。このように，未成熟な運動のフォームと成熟したフォームとの差を見分けることのできる観察力が，運動を指導する際には必要とされる。

2. 子どものあそび

（1） 子どもの運動・運動あそびの意義と重要性

1） あそびは子どものビタミン

　近所から，子どもたちの遊ぶ元気な声が聞こえなくなってから久しい。子どもたちが群れて遊ばなくなったのは，園や学校から帰ると，おやつを食べて習いごとや塾に出かけていく子が増え，あそびの空間・仲間・時間という三つの間（サンマ）がなくなってきたためであろう。つまり，習いごとや塾通いで忙しくて遊ぶ時間が少なくなり，少子化によって遊ぶ仲間がいなくなり，さらに都市化で遊ぶ空間（場所）も減少したのである。

　最近の子どもたちは，親友の数が少なく，異質の子とのつきあい方が下手になっているが，それは，いろいろな友だちと遊ぶ機会が減っているからだろう。今，教育界で問題になっている「登校拒否」や「いじめ」も，その背景に「つきあい下手」がある。

　あそびは，人間関係の取り結び方を学ぶ大切な場である。子どもたちは，年上の子，年下の子，気の強い子，おとなしい子などといっしょに遊ぶなかで，折り合いのつけ方を学んでいく。また，あそびを通して，お互いに認め合ったり，励まし合ったりすることの大切さを身につけていく。もめごとが起これば，仲裁する術も知るようになる。

　また，あそびは創意工夫や応用力，自発性，難しいことに挑戦する意欲を育てる。危機に直面して，身を守る本能も磨かれる。自然のなかでのあそびは，生き物や植物の生命の不思議さを知り，土や水，風に身をさらすことによって，感性も豊かになっていく。

　友だちや自然との交わりのなかでのさまざまな直接体験は，学習を実感あるものにし，勉強にもいい影響を与えていく。たっぷりと遊んだあとは，食事がおいしく，熟睡できる。あそびは，子どもたちにとって，心身ともに健康に育つための「ビタミン」である。生きる力を身につけるための自己教育の機会でもある。「遊ぶのは大学に入ってからにしなさい」という親がいる。だが，子どもの成長過程で，その時々に欠かせない体験というものがある。それをさせてやることが大切なのだ。大学に入ってから遊ぶのでは，その子の人間的発達に，ひずみが生じかねない。

2）「あそび」とは

　「あそび」については，各国のいろいろな研究者が定義づけをしているが，共通している点をまとめてみると，あそびとは自然な活動であり，自由な活動であり，本能的な活動である。しかも，自発的な活動で，欲求を満たす活動である。また，結果とか目的とかを意図しないものであり，遊ぶこと自体が目的になる活動である。したがって，あそびには，義務や責任の意識，他からの強制などはなく，ただ楽しみと喜びのみが存在する活動である。

幼児は，その「あそび」を通して，人間として生きるための基礎的な能力と人間らしい生き方の基礎を学び，身につけていくのである。

3） 運動あそびの効用

子どもたちは，筋肉，神経，内臓諸器官を発達させるとともに，平衡性や敏捷性，柔軟性などの調整力を高めることができる（図2-6）。また，運動あそびを通して，子どもの知能，情緒，意思，意欲，協調性などの精神面の発達も期待できる。さらに，きまりを守ることの大切さを理解し，相手を思いやる心を体得するのである。

そして，すべての諸機能が密接に関連し合って，人間として望ましいパーソナリティをつくりあげていくのである。子どもたちが運動あそびを通して体得するものをまとめてみよう。

①明るくのびのびと行動し，からだを十分動かし，身体活動の満足感を得る。
②五感を鋭敏にするとともに，身体諸機能，運動能力の調和のとれた発達を促し，運動技能を高める。
③自立心，忍耐力，積極性，創造力などの精神面の発達を促し，感性を高める。
④ルールを守る，役割を果たす，協力する等の社会性を身につける。
⑤健康で安全な生活に必要な習慣や態度を身につける。

4） 子どもを取り巻くあそび環境

子どもたちを取り巻く生活環境は，都市化が進み，街はアスファルトやコンクリートでおおわれ，森や林，河川や湖沼などの自然は開発のため，壊されてきた。また，複数の車

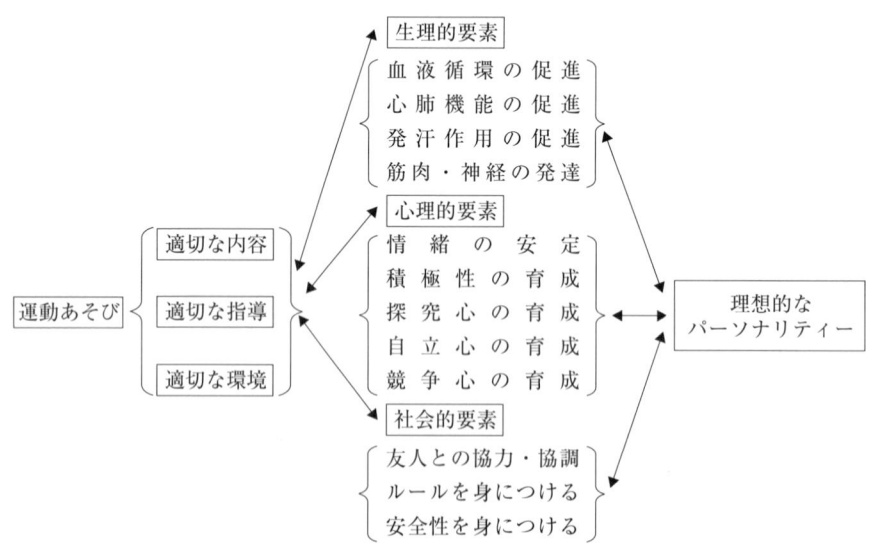

図2-6　運動あそびの効用
〔澤田道夫：幼児体育，近畿大学豊岡短期大学，p.34，2004〕

を所有する家庭も珍しくないほどの車社会となってきた。その結果，戸外でのダイナミックな運動あそびをする場を失い，家庭内での一人あそびを余儀なくされている。

　生まれたときから冷暖房の完備された屋内で過ごしすぎて，温度の変化に対する身体の抵抗力が弱まっている。歩いても近い距離を車で送迎され，足腰を鍛える機会が少なくなり，ちょっとした転倒や衝突でも大きなケガをし，自分の身体の安全を確保できなくなっている。このように子どもを取り巻く生活環境の便利化・能率化が，子どもの体力づくりに逆行する状態をつくりだしている。

　学習塾やおけいこごとに加え，スイミングスクールや体操教室などの普及により，子どもたちの多くが，それらを利用するようになって，地域の遊び場で遊ぶことがだんだん少なくなってきた。たまに，遊び場に行っても遊び友だちがいないといって家に帰り，家庭内での1人あそびとなってしまっている。しかも，テレビゲームやおもちゃなどの対物あそびとなっている。親のほうも，たくさんのゲームやおもちゃを買い与えており，おもちゃがなければ遊べない子どもさえいる。

　そして，子どもたちは，不自由のない生活や便利な生活を常としているため，精神的に弱く，耐性に欠ける子が多くなってきている。つまり，家庭内での1人あそびや対物あそびが中心となることで，全身的な運動が不足するため，情緒の発散やコントロール，身体の発育や体力の向上にマイナスにはたらいているのである。

　スイミングスクールや体操教室などに通って運動している子どもは，身体面ではプラスにはたらくが，おとな（コーチやインストラクター）に訓練的にのみ指導を受けている場合は，知的・情緒的・社会的な面での成長に課題が残されるだろう。

5）子どもの心と身体の成長

　子どもの心身の健康と体力の問題を考えてみると，単に身体活動をさせての健康づくりだけを考えればよいのではない。いろいろなあそびやあそび方，ルールをつくりだせる知的能力の向上はもちろん，仲間を助けたり，みんなで協力して目標を達成したりして，社会性の向上も図りたい。また，安定した情緒，最後まであきらめずにがんばったり，がまんしたりする精神面の向上も期待したい。運動あそびを通して，トータルな意味での健康づくりや体力づくりをねらいたいのである。

　子どもの健康づくりには，基本的に家庭，つまり，保護者の理解と積極的なはたらきかけが重要である。幼児をもつ母親に，「あなたの子どもさんにとって最も大切なものは何ですか」と質問してみると，ほとんどの親が「健康です」と答える。しかし，この健康ほど，軽視されているものはない。けがや病気になったとき，健康のありがたさを再認識するが，そうではなく，日ごろより健康は大切にしてもらいたい。

6）運動あそびを奨励しよう

　子どもにとって，あそびは仕事であり，あそびは生活である。子どもたちの人間形成は，

あそびによってできあがる。よって，子どもにあそび場と運動あそびに費やす時間を確保していくことは，おとなの責任である。

　子どもたちを，自然のなか，太陽の下で，多くの仲間たちと思いっきり遊ばせたい。子ども集団でのかかわり合いのなかで，ダイナミックな運動あそびを十分に体験させてやりたい。しかし，家庭や地域など，子どもを取り巻く生活環境の現況を考慮すれば，これを実践することは難しい。最後のとりでは，幼稚園や保育所であろう。運動あそびの大切さを理解し，実践する幼稚園教諭や保育士が，大いに期待される。また，その効果を上げるために，保護者の積極的な協力が欠かせない。

（2）　あそびの発達

1）　感覚運動的なあそび

　乳児は，自分の手を握ったりゆるめたり，足をバタバタさせたりするなどの単純な動きを楽しむ。つるしおもちゃに手を伸ばしたり，ガラガラを振ったりする。積み木を積んだり，ぐしゃぐしゃにしたりして楽しむ。

　「いない，いない，バー」など手や顔の動きを，大人とのやり取りで楽しむ。くすぐりあそびを覚えたら，「キャッ，キャ」と笑って，もっとくすぐってほしいと催促する。ハイハイで逃げまわる待て待てあそびも大好きである。歩けるようになると，カーテンの中に隠れる。めくってもらうのを待ち，めくられると「ギャーッ」と大声でとび出す。

　このような動きそのものを楽しむ感覚運動的なあそびは，幼児期になるとブランコやすべり台や水あそびへと発展していく。

2）　象徴あそび・テーマのあるあそび

　2歳くらいになり，子どもの抽象的な能力が発達してくると，ごっこあそびのようにいろいろなものを見立てて遊ぶイメージの世界が出現してくる。犬や猫になりきって，はいまわったり，飛行機になったつもりでスピードいっぱい走りまわったり，仮面ライダーやウルトラマンといったヒーローになったつもりで戦いごっこをしたりするようになる。このようなあそびは，象徴あそびとかテーマのあるあそびと呼ばれている。

　象徴あそびは，初めは個人のレベルで行われているが，4歳くらいになるとイメージが子どもの間で共有されるようになり，集団的な象徴あそびが行われるようになる。集団的象徴あそびでは，複数の子どもがイメージを共有するので，「私はお母さん役，あなたはお父さん役」といったように役割の分担がなされる。それぞれの役柄には，おのおの行動の特徴がある。例えば，お母さんはお母さんとしての行動があり，お父さんはお母さんとは違った行動がある。このような役割についての理解は，さらにあそびのきまりやルールづくりへと発展していくのである。

3） 競争的なあそび・スポーツ的なあそび

ルールが理解でき，守れるようになると，かくれんぼや鬼あそびのようなゲームあそびが出現してくる。ルールを守ることがあそびを楽しくすることを理解するとともに，与えられた役割を果たすことによって望ましい人間関係をつくりあげていくことができるようになるのである。また，あそびのなかにルールが入ってくる4・5歳になると，競争的なあそびも行われるようになる。

さらに，ジャンケンができるようになると，あそびの幅が広がってくる。うず巻き鬼，線取りジャンケン，ネコとネズミなどのように，ジャンケンを素材にしたあそびは，勝ち負けがはっきりしているだけに，ルールを守ることを大切にするといった社会性を高めることができる。

ボールを使ったあそびは，握る，投げる，つく，蹴る，打つ等多様な動きがあり，幼児期に発達する調整力のなかでもとくに巧緻性を高めることができる。1人あそびから，グループでのあそびへと発展していき，さらに，三角ベース，転がしドッジボール・円形ドッジボール，サッカーごっこなど，スポーツ的なあそびへと発展していく。グループの仲間と協力し合って勝利をめざすことによって，協調性が育っていく。

4） 幼児期の運動あそびのねらい

幼児期から，ルール性に富んだ運動ばかりをさせたり，競争や勝敗を重視した指導のもとでのスポーツ活動をさせすぎたりすることは，指示に従うだけの子ども，与えられたことだけしかできない子どもをつくりだしてしまう恐れがある。また，記録が伸びなかった子やゲームでミスの多かった子にとっては，人生の早い時期から運動嫌いを生む危険性もはらんでいる。

したがって，幼児期には，子どもの興味をそそるような遊戯的要素のある運動あそびを奨励したい。そして，学童期になってから，スポーツごっこを楽しみ，しだいにルールが複雑な本格的な競技スポーツへと移行していくことが望ましい。

よって，幼児期の運動あそび（前橋　明，1994）は，「子どもたちが運動することを好きになり，いろいろな運動に抵抗なく取り組もうとする意欲づくり」を主目的とし，思いきりからだを動かす喜びや，力いっぱいからだを動かしたあとの満足感のわかる子に育てていきたい。

表2-4 テーマとルールの組み合わせでみたあそびの発展

	テーマもないし「ルール」もないあそび	テーマはあるが「ルール」のないあそび	テーマはあり「ルール」ができかけるあそび	テーマがあり「ルール」があるあそび
ブランコ	・ブランコに乗ってこぐ	・飛行機，自動車になぞらえて乗る	・線の所まで飛ばしっこしようと話しながらこぐ ・2人乗りをする ・ブランコに乗った子を押したりする	・順番を決めて交代して乗る ・どちらが高くこいだか比べる ・くつの飛ばしっこをする ・前に引いた線まで飛ぶ
ジャングル・ジム	・登ったり，降りたりする	・家，乗り物になぞらえて登ったり，降りたりする	・役割が決められるが，活動はしていない ・相手の所まで上がろうとする	・それぞれの役を果たしてお家ごっこをする ・乗り物ごっこ，ままごと，鬼ごっこをする
たいこ橋	・ぶら下がったり渡ったりする	・トンネルとしてその下をくぐる	・どこまで登れるかお見せ合う	・つかまえっこ，お家ごっこをする
すべり台	・すべったり，下から上がったりする	・マットに乗ってすべる ・人形，ボール等をすべらせる ・連になってすべる ・山登りとして，逆に上がる	・トンネルを作りその下をすべる ・2人で手をつないですべる	・順番を決めてすべる ・切符をとったり合図をしたりしてすべる ・家，基地などにして遊ぶ
ボール	・投げたり，ころがしたり，ついたり，蹴ったりする ・ボールを持って走る	・ばくだんにして投げる ・おだんごに見立てて，箱に入れて遊ぶ	・ボールを投げ合って遊ぶ	・ボールつき競争ボール送り競争ボウリング競争など，的を決めて，当てたり，ころがしたりする
マット	・とぶ ・ころがる	・空とぶじゅうたんにして，引っぱる ・ままごとのお座敷にする ・乗り物にする	・2人でマットの上ですもうをする（ルールなし） ・仲間をマットに乗せ，引っぱる（交代がない）	・順番に跳び方を決めて，跳んだり，はねたりして遊ぶ ・すもうごっこ（マットの外にでたら負け等のルール）
三輪車	・乗って遊ぶ ・押して遊ぶ	・飛行機，ロケットにして乗る	・一つの三輪車に2人が前後に乗る	・順番を決めて交代して乗る
遊戯室運動場ステージ	・ステージから飛びおりる，また上る ・ただ走りまわる	・ウルトラマン，パーマンといって走りまわる ・紙やハンカチでピストルを作り，それを鳴らす	・パーマン1号，2号と決めながら，その間には関連がない ・ピストルのうち合いがはじまるが，お互いにパンパンとうつだけ	・ウルトラマン，パーマンが他の物および人と関連をもつ ・うち合いで弾に当たった子が倒れる

〔西頭三雄児：遊びと幼児期，福村出版，p.34, 1974, より抜粋し，一部改変〕

(3) あそびにかかわる要因（環境：人，モノ，自然）

1) あそびの環境の大切さ

　子どもの発達において，あそびは重要な要素である。子どもは，あそびを通してさまざまなことを学び，多くのことを吸収し，あそびによって成長していく。

　近年の子どもは，生活環境の変化に伴い，昔の子どもにみられなかったさまざまな身体の変化がみられる。それは，よい面もあるが，悪い面も少なくない。具体的には，昔の子どもに比べ，身長や体重といった体格はよくなったが，身体を上手に使う動きや器用さ，バランスや敏捷性などの体力・運動能力は低下し，けがが増加したことがあげられる。

　その原因として，子どもたちの体験の貧困さ，すなわち，あそび体験の量の減少と質の低下があげられる。あそび体験量の減少とは，あそび時間の減少で，とくに屋外でのあそび時間の減少が顕著である。あそび体験の質の低下とは，あそび方が偏っていて，さまざまな種類のあそびをしていないことである。それは，子どもたちのあそびを取り巻く環境の乏しさが大きな要因になっており，環境によって，あそびは発展もし，衰退もする。それはそのまま，子どもたちの直接体験量にも影響し，さらに子どもたちの発達にも影響する。そのような意味からも，あそびの環境はたいへん重要であり，そのためには，子どもたちのあそびの展開を発展させる環境を整えることが大切である。

　いつも与えられたモノばかりの工夫のない環境だと，あそびに発展がないばかりか，子ども自身の発達にも影響を及ぼすことになる。とくに乳幼児期の子どもたちにとっては，あそびが生活の大部分を占めるため，発展性のあるあそび環境が望ましいといえる。発展性のあるあそび環境とは，既存の与えられたモノではなく，発達の段階に応じて，あそびが変化する環境である。こちらからあそびを提供するのではなく，子どもたちのあそびを引き出し，発展させる環境を設定し，決して押しつけではなく，子どもたち自らがあそびを楽しみ，工夫することができる環境が大切である。

　そこで，あそびにかかわる環境要因として，主には，「人，モノ，自然」がある。人とは，あそびを通しての他者とのかかわりであり，モノとは，玩具や遊具などのあそび材である。自然とは，あそびを取り巻く自然環境である。人工的なモノよりも自然物のほうがあそびに発展性があり，子どもたちにとっても工夫ができ，子どもたちの想像力をかきたてるが，最近のあそびは，人やモノ，自然などとかかわったあそびが少なくなり，あそびの質やバリエーションの低下が懸念される。

①人とのかかわり

　あそびの発達においては，1，2歳ごろの1人あそびから，他の子どもがいても別々に遊んでいる並行的あそびを経て，協同的あそび，集団的なあそびへと，あそびが発展していく。1人あそびから，集団でのあそびに発展するに従い，あそびの環境も変化し，お絵

かきや本読み等の室内でのあそびから，鬼ごっこやボールあそび等の屋外でのダイナミックなあそびに変化し，行動範囲も広がっていくのである。このように，あそびの発達は，人とのかかわりのなかで発展していくことが大きく，人とかかわることにより，さまざまなあそびが生まれ，あそびが発展していくのである。

　幼児期にかかわる人としては，まず母親の存在が最も大きく，次に父親やきょうだいといった家族がおり，そして幼稚園教諭，保育士，同年代の友だちといったように，かかわりが広がっていく。3歳ごろまではまだ母親とのかかわりが大きく，いっしょに遊ぶ人も母親と遊ぶことが多い。母親がいないと1人で遊んでおり，まだ他者とのかかわりをつくることができない年齢である。何人かの子どもがいても他者とかかわって遊ぶことが難しく，同じ場所にいても1人で遊び，個々に別々のあそびをしている状況である。そして，年齢が上がるに従い精神的な発達も伴い，他者とのかかわりをもっていっしょに遊べるようになり，世界が広がっていくのである。そして，5歳ごろになると，同年代の友だちと遊ぶ楽しさを知り，徐々に父親，母親よりも友だちと遊ぶことが多くなっていく。

　幼稚園・保育所における運動あそびにおいても，年少児ではブランコ，砂場，すべり台などで1人で遊んでいることが多いが，年中，年長と年齢が上がるとともに，他者といっしょになって遊ぶようになる。ブランコでも，競争してこぐといったことや，2人乗りといった行動がみられる。また，ボールあそびや，鬼ごっこといった，一定のルールのなかで遊ぶような組織的なあそびもできるようになる。1人で遊ぶよりも，人とかかわって遊ぶ楽しさに気づき，他者とのかかわりを必要とするあそびを好むようになる。

　そういったなかで，子どもたちは，あそびを通して，人とかかわること，人とのかかわり方を学んでいく。他者とのコミュニケーションのとり方を練習していくのである。1人で遊ぶよりも他者とのあそびの楽しさを学び，他者とのあそびのなかで，多くの失敗をして，他者とのかかわり方を学ぶのである。1人で遊んでいるときは，がまんをする必要がないが，他者といっしょに遊ぶときには，自分のわがままを通すと，けんかになり，不快感を味わう。このような経験を積み重ねることにより，順番を守る，がまんをする等の社会性を身につけていくのである。このようなことから，他者とかかわっていくあそびは，成長の過程でとても大切で，1人だけのあそびでは経験することのできないさまざまな経験をさせてくれるのである。

②モノとのかかわり

　子どもがあそびのなかでかかわるモノは，玩具や遊具である。玩具や遊具にもさまざまなモノがあるが，あそびのさまざまな展開と発展性が期待できるモノが望ましい。身体発達，運動発達に関する代表的な大型固定遊具の特性は，以下の通りである。

- **すべり台**：高さやスピード感，スリルを感じることができ，のぼる，立つ，しゃがむ，すべる，といった運動が含まれる。

- **ブランコ**：自分の力でこぐことにより，空にとび出すようなスピード感とスリルを感じることができる。そして，タイミングよくこぎ，身体を上手に使わないと加速しないため，リズム感や平衡性が養われる。
- **鉄棒**：低年齢では，あまり興味を示さないが，年齢が上がるにつれて，ぶら下がったり，とびついたり，まわったりして，自分の体勢の変化に楽しさを感じるようになり，遊ぶうちに自然に平衡性が身についてくる。
- **ジャングルジム**：大型固定遊具の代表的なモノで，ブランコのように動きはしないが，登ったり，降りたり，くぐったり，ぶら下がったりして遊ぶことができ，あそびの発展的な展開が期待できる遊具である。

その他にも，大型遊具としては，マット，とび箱，平均台，トランポリン等があり，とび箱ならとぶ，平均台なら渡るといった，決まったあそび方に留まらず，とび箱の上で前転をしたり，平均台を鉄棒のようにして逆上がりをしたりと，あそびの発展的な展開が期待できる。これら遊具に共通してかかわっている運動能力は，柔軟性と平衡性である。

また，小型遊具としては，ボール，なわ，フープ等があり，これらは，幼児期に必要な神経系機能の発達に関連した遊具で，遊具一つで，さまざまなあそびが展開でき，子どもたちの運動発達にも大きく貢献する。とくに，ボールは，どこの幼稚園や保育所にもあり，家庭にもあることが多い身近な遊具で，ボール一つあることにより，あそびが生まれ，あそびの幅が広がる。ボールは，弾むので，それに合わせて身体が反応しなければならず，神経系のはたらきを発達させるのに有効である。

しかしながら，近年では，安全面に固執する傾向が強く，子どものあそびの発展を妨げているところが多くみられる。例えば，すべり台は，普通は上からすべるが，子どもだけで遊んでいると，そのうち，下から登りはじめる子も現れてくる。危ないからという理由で下から登るのを禁止している園もあるが，子どもたちが興味をもてば，下から登ってもかまわないのではないかと思う。上からすべるより，下から登るほうが身体の動きは大きく，大人がしっかりみていることが条件であるが，子どもたちの発想や工夫する力を阻害せず，ある程度の危険を理解したうえで，あそびの発展的な展開を認めてほしいと思う。また，子どもたちには，ある程度の危ない体験も必要で，程度のレベルはあるが，危ない体験をすることにより，危険に対する予測がつくようになり，大きな事故を未然に防ぐことにつながると思われる。

最後に，乳幼児期の子どもは，既製の玩具でなくても，モノを何でも玩具にする能力をもっているが，最近の子どもは，既製の与えられた玩具でしか遊んでいないため，何でも玩具にする，工夫して遊ぶ能力が養われていないように思われる。子どもにもよるが，幼児期からテレビゲームや携帯ゲームばかりしていると，他者とのかかわりや人と群れて遊ぶことの楽しさを知らないで，成長していくのではないだろうか。あるモノを何でもおも

ちゃにしてしまう発想力，想像力が養われず，柔軟性や応用力に乏しい人間になりはしないかという危惧を感じる。

③自然とのかかわり

　自然は，人工的な環境よりも，子どもの興味や関心をひき，子どもの行動を広げ，さまざまなことを子どもたちに教えてくれる。自然のなかでは，子どもたちは，さまざまなあそびを見つけ，さまざまなあそびをつくりだすのである。自然は，子どもにとって，既存の玩具や遊具よりもはるかに魅力的に感じるようである。なぜ自然が魅力的に感じるかというと，それは，自然は常に同じではなく，季節も含め，移り変わりがあり，常に同じモノがない変化のおもしろさがあるからだろう。毎日，同じ空でも，雲の形や空の色など，少しずつ異なり，同じように他の自然も少しずつ異なり，さまざまなバリエーションを見せてくれ，それが子ども達の興味・関心をひくのではないかと思われる。

　レイチェル・カーソンの『センス・オブ・ワンダー』に，「子どもたちの世界は，いつも生き生きとして新鮮で美しく，驚きと感激に満ちあふれています。残念なことに，わたしたちの多くは大人になるまえに澄みきった洞察力や美しいもの，畏敬すべきものへの直感力をにぶらせ，あるときはまったく失ってしまいます」と述べられているが，子どもたちは，自然界にあるさまざまな神秘さや不思議さに目を見張る感性が豊かであるため，自然のなかのさまざまなことに興味をもつのではないだろうか。

　家から外に出ると，自然から季節の移り変わりを感じ，季節をいかした外でのあそびが子どもたちに楽しい時間をつくると思われる。春には，公園や道端で草や木々が芽吹き，花が咲き，春から夏にかけては，池や田んぼでおたまじゃくしやあめんぼうが見られる。夏には，海や浜辺で遊べ，秋には，野原で虫の音を聞くことができ，山で木の実がなり，冬には，雪が降るというように，季節ごとに季節感のあるあそびが展開できる環境にある。

　なかでも，海では，子どもたちは泳ぐだけでなく，寄せては返す波だけでもおもしろく，十分遊ぶことができる。砂浜も天然の砂場であり，日が暮れるまで遊んでいる。また，山では虫とりが男の子たちの興味をひく。セミやバッタ，カブトムシやクワガタは，時代が変わろうとも，ゲーム機よりも子どもたちの興味をひく対象であることに変わりはない。さらに，都会での雪は，雪だるまを作ったり，雪合戦をしたりして，手が冷たくなりかじかんできても，子どもたちの様子は楽しそうで，雪だらけになって遊んでいる。自然のなかでは，子どもたちの活動量も自然に増えてくるが，自然のなかには，子どもたちが興味をもつモノが多いためである。

（4）体育あそびとしての発展・深まり

　運動あそびが，子どもの運動発達を促すための活動的なあそびであることに対し，体育あそびは，そこに教育的意図が含まれる。体育あそびには，運動刺激による身体の発育と

いう面と，身体活動を教材とした教育という面の二つのねらいがある。

　一つめのねらいは，運動機能の発達と健康な身体を育てることである。したがって，身体機能，運動能力のこの部分を伸ばしたい，そのためにはこのような運動あそびが必要であるといった目的と方法がある。例えば，平衡性を発達させるために，保育プログラムに竹馬や一輪車などを取り入れたり，敏捷性を発達させるために，ボールあそびやおにごっこ等を取り入れたりといったことを，目的に応じて，計画的に意図的に行うことである。

　二つめのねらいは，身体活動という材料を用いて，子どもを教育するということである。子どもを教育する際，さまざまな材料があるが，身体活動や運動あそびは，その教材となる。例えば，鉄棒の逆上がりという教材を用いた場合，はじめはほとんどの子ができないが，適切な指導のもと，できるようになるために子どもが一生懸命練習をし，努力をすることにより，そのうちできるようになってくる。そこには，運動発達のねらいもあるが，一生懸命に練習を重ね，努力した結果，できないことができるようになるというねらいもある。そのことにより，子ども自身，できなかったことが努力したらできるようになったという自信がつくのである。それは，鉄棒に限らず，他のことにも応用できる。子どもは，最初できなくても，あきらめないで努力すれば，できるようになるという経験をし，成長していく。一生懸命がんばることの大切さを逆上がりという教材を通して，学ばせるのである。ここに，幼児体育の目的があり，運動あそびという教材を通しての教育となるのである。

　そのためには，幼児体育では，子どもの運動の発達過程を考慮した年間の指導計画をたてて，体育あそびを計画的，意図的に行うのである。そこには，運動能力の発達を第一目的として，そのなかに教育的要素も含めて考えていかなければならない。体育あそびは，身体活動を伴ったあそびであるため，身体発達や運動発達の促進は当然であるが，それに加えて，子どもたちがあそびからさまざまなことを学んでいくことができるような配慮をしなければならない。がまんすることや協力すること，一生懸命努力することの大切さ等を運動あそびという教材を通して，子どもたちに意図的に学ばせてもらいたいと思う。

　幼児体育では，単なる運動あそびの展開から，教育的意図を含んだ，さまざまな発達や発展のある体育あそびの展開へと深めていってほしい。

第3章　運動のとらえ方と指導の基本

1. 運動のとらえ方

（1） 運動の局面構造

　運動は基本的に，準備局面，主要局面，終末局面の3局面（3段階）から構成されている（図3-1）。しかし，運動は繰り返し行われる運動や，組み合わせ運動などにおいては，はじめの運動の終末局面と次の運動の準備局面が融合している。このように融合局面を有する運動がほとんどであり，構造が複雑な運動になればなるほど，融合局面も複雑となるのである。具体的にジャンプを繰り返す場合，1回のジャンプから2回，3回と繰り返す際，1回のジャンプの終末局面と2回目のジャンプの準備局面は融合した一つの動きとなっていることが理解できる。それぞれの局面について，もう少し詳しく説明することとする。

　準備局面とは，次の主要局面をよりロス無くスムーズに行うための準備機能の役割をもつ。ジャンプを例にとって説明すると，ジャンプは脚の力だけでジャンプしているのではなく，その前に手を振ったり，前傾してその反動を利用したりと，身体の一部のパーツを上手に使い，よりジャンプが効率よく行われるように身体をコントロールしている。

　運動は，この準備局面が大変重要な役割をしており，次にくる主要局面が自分の思ったとおりに実践できるかどうかの大きな鍵となる。

　次に主要局面とは，個々の運動課題が達成される段階であり，その運動経過は，それぞれ特有の軌道を描く。

　最後に終末局面とは，主動作のエネルギーの頂点から平衡状態や静止状態へ移行する機能を有する。さらに，次の運動に向けての回復機能を有す。

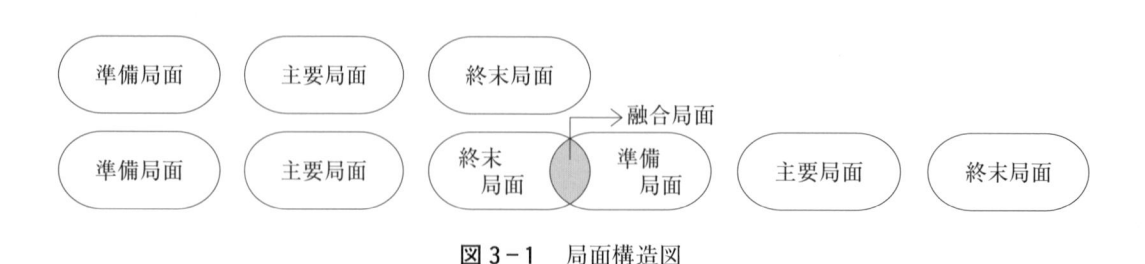

図3-1　局面構造図

融合局面とは，繰り返し連続して運動を行う場合，運動の終末局面のなかに次の運動の準備局面を重複して新たな融合局面を作っている。この融合局面は，運動と運動を統合させられる能力が高いほど，運動はスムーズに実施でき，完成度の高いまとまった運動となるのである。通常，初期の運動習得の場合では，ぎこちない動きになることが多い。反復練習することにより，運動と運動が統合・融合され，スムーズにより効果的に実施できるようになる。

（2） 動きの違いと習熟

子どもは運動を模範などにより「わかった」と言っても，すぐにその運動が「できる」とは限らない。幾度か自分の思ったとおりに実行してみて試行錯誤を繰り返し，運動の修正を試みる。このときに重要なのが，過去の運動経験である。運動はすべて経験に依存するため，現在行っている運動ができないとしても，似たような類似の運動形態を以前に行っていれば，その感覚が重要なヒントとなる。

このような能力を一般的に「運動レディネス」と表現し，はじめの「わかる」から「できそうな気がする」という気持ちの移行が生まれる。

もしも，以前に似たような運動形態の運動経験をまったくもっていなかった場合，臨場的に運動の感覚をとらえることができないため，「できそうな気がする」という気持ちにはならないのである。また，過去に練習したけれど「まったくできなかった」や失敗してけがをして痛い経験をしたなどの場合は，その感覚が潜在的（潜伏的）に運動感覚のなかに焼きついており，その感覚によって抑止作用がはたらくため，「できそうな気がしない」「怖い」といった情動が生まれるのである。

このような「つまずき」をもつ場合には，通常の練習や模範では解決できない。

運動の構造を分析し，運動をいくつかのパターンに分け，それぞれ区分し，必要な要素を別の方法で学習できるように段階指導を個別に実施されなければならない。また，類似する運動経験を多く実施させて，心の中に存在する恐怖感を克服する工夫も大事である。そしてその結果，「できるかもしれない」と思うような心の変化が表れるのである。

人間は通常，「できるかもしれない」と心が変化しないと運動を自ら実行しようと試みないため，できるだけスムーズに試行段階に移行できるように指導者は工夫しなければならないであろう。

（3） 動きを視覚的にとらえること

運動を習得する初期段階では，視覚によって与えられた運動感覚を頼りに運動を行う。自身が実施した運動がどのように行われているのか，はじめから上手に行えることはないため，失敗したとしても，成功に近い失敗なのか？　全然できないのか？　何が悪いから

失敗したのか？　自分ではわからないのである。

　数回の練習を繰り返していると，数回かに一回まぐれで「できる」ことがある。

　次に「できた」ときの感覚であるが，はじめから完璧に実施できるわけはない。しかし，まぐれで「できた」としても一応は運動を実際に行えた。すなわち，課題を満たした一運動形態が出現したわけであり，運動の成立が形成されたことである。このとき，たいていの場合，理想とするスムーズな運動形態からは程遠い実施である場合が多い。これは構造が複雑な運動を実施するときは，とくにその傾向が強くなる。いわゆる無駄な動きが多く運動としてはたいへん粗雑な要素が多く含まれている。

　成功初期は，確実性に乏しく，身体を自らはっきりコントロールできているのではなく，どのようにすれば確実に成功できるのかがわからない状態を意味する。繰り返し練習を行う過程で，次第に身体コントロールが巧みになる。不安定さをもった運動実施は，一応の形態を実現し，フォーム的にも未完成であり，完璧な実施が毎回望めない運動経過を示すが，反復練習の後，次第に運動的に芸術的要素を伺える運動実施が出現する。これは，身体的に特異によい実施可能な場合と，表現力にあげられる身体表現能力（パフォーマンス）にたけている場合のどちらかである。

（4）運動の指導と言葉かけ

　運動を学習する場合，適切な指導言葉が学習成果にかなりの影響を及ぼすため，適切な言葉かけをする必要がある。有効な指導言葉は，子どもの運動の感覚に共感できるものでなくてはならない。「もっと大きく」や「がんばって！」「しっかりやるの！」などの言葉は，一見わかりやすいように思われるが，子どもにとっては，何を大きくするのか，どうがんばればいいのかがわからないのである。

　指導するときの言葉は，単に励ましだけではだめであり，具体的な手足の動かし方や身体の動きや運動の仕方を説明することが大事である。そのためには，指導者はその運動の運動経過像を明確にとらえていることが前提となり，どのようにすれば問題が解決されるのかを頭の中で理解する必要がある。

　理想的な運動像と失敗している運動像を比べ，問題点を見ぬき，適切な言葉を選び，運動を修正して成功に導くのである。また，運動を観察する場合，ただ単に見ているだけではいけない。明確な運動の指導は，運動の構造を説明したり，模範をしたりすることからはじめる。幼児の場合は，言葉の発達が未熟なため，できるだけわかりやすく説明し，模範も簡単に，上手な模範と未熟な模範を区別して実施できれば大変よいであろう。

　また，最近では図解や映像機器を用いて説明することもある。

（5） 運動のリズムと運動の伝導

運動がスムーズにまた完璧に実施されると，視覚的にも聴覚的にも運動リズムがはっきりととらえられる。

上品な運動リズムとは，力んで力任せに運動を実施するばかりではなく，流動的と力動的な動作が周期的に現れる。運動にはある一定のリズムが存在するのである。

運動伝導については，身体の部位から部位への合理的なエネルギーの伝導または，エネルギーの生み出しのためのパフォーマンスの場合もある。ある一定の順序によって伝導は行われている。

（6） 運動の評価

運動の評価であるが，運動の流動性について観察するとよい。「運動のつまずき」を見極めるためには，動きや運動の途切れなど，ぎこちない局面の前後をよく観察することにより，的確なアドバイスを選択する。また，運動の正確さや安定性をよく観察することも重要である。そのような観点から運動の習熟度や完成度や熟練度を評価するべきである。

2. 運動指導の基本的な考え方・心構え

（1） 楽しいこと

幼児期の運動あそびでいちばん大切なことは，子どもたちにとって，その運動あそびが楽しいかどうかということである。子どもたちは，楽しいから少し難しい課題にも取り組もうとし，体力的にも少しハードな課題にも能動的に取り組むことができる。そして，その能動的な活動を通して，より効果的に子どもたちの力を伸ばすことが可能である。

訓練的に取り組んでいては，同じあそびをしても同じような効果は上がらないだろう。また，洞察する力の発達が不十分のため，ある技術を獲得するための練習であっても，楽しくなくては積極的に取り組むことができない。

ある技術を習得させるためには，その技術が含まれるあそびを用意するその際，子どもたちが楽しく取り組めるプログラムを提示する必要がある。

（2） 内容に偏りがないこと

特定の運動に偏らずに，いろいろな動きを経験させることが大切である。子どもの好きなあそびをすればよいというのではなく，指導者がいろいろな動き・動作を含んだあそびを，子どもたちが喜んでするようにアレンジして提供する必要がある。あそびのなかには，

器械系の運動のように，できる・できないがはっきりするものは，成果がみえやすいため，重要視される傾向がみられる。もちろん，このような運動も必要ではあるが，フープ・ボール等の用具を使ったあそびや鬼ごっこ，戦闘あそび，模倣あそび等のいろいろな形式のあそび，さらには，落ち葉や石を使った自然を取り入れたあそび等，多くのあそびがある。これらを，適宜，取り入れることにより，いろいろな力を伸ばすことができる。

（3） 経験を多くさせること

子どもにいろいろな力をつけるためには，できるだけ回数を多く経験させることが大切である。例えとして，ボールを蹴るあそびについて考えてみる。よく見られるあそびとして，ボールを蹴って，前方の旗を回ってもどってくるリレーが考えられる。このようなリレー形式のあそびは，実際に運動している時間よりも待つ時間のほうがはるかに多い。全体からみれば，10分リレーをしたとしても，一人ひとりの子どもに目をやれば，せいぜい1分間ボールを蹴って，後の9分間は待っているわけである。これでは，子どもの運動欲求を満たすことは難しく，また力をつけることはできない。それよりも，子ども一人ひとりにボールを渡し，指導者についてボールを蹴っていくとか，一定のコースを回ってくるとかするほうが，よほど多くの「蹴る」という経験をすることができる。

多く経験することにより，それらが脳にインプットされ，記憶として蓄積されるわけである。指導者は，楽しく，多くの経験ができるように考えなければならないであろう。

（4） 担当する子どもたちの発達にあったあそびを選ぶこと

指導する子どもたちの発達段階を正確にとらえての指導が大切である。これは，身体的な面ばかりではなく，知的・精神的・社会性の面でも必要である。運動能力の面から考えてみると，難しすぎる課題，やさしすぎる課題は，子どもたちにとっておもしろくない。ここで大切なことは，成功率，あるいは成就率である。子どもたちの何割ぐらいが成功する課題がおもしろいかということである。これは，年齢によっても異なる。3歳児では，8割～9割の子どもができる課題でも楽しく遊べる。4歳児，5歳児と年齢が上がるにつれて，この割合の低い課題がおもしろくなる。

知的な面でいえば，ルールの理解に差がある。あまり複雑なルールになると，理解できない場合がある。同じ形式のあそびにしても，3・4・5歳児と単純なルールから，複雑なルールへと変えていく必要がある。

精神的な面でいえば，疲れてもがんばる，がまんする等の力は，年齢が低いほど，そのような力はついていない。このような場合に，子どもたちをかりたてるのは，楽しさやおもしろさである。そのあそびが本当に楽しければ，子どもたちは少しぐらい疲れていても，がんばることができる。

社会性の面からみると，競争意識は年齢が上がるにつれて育っていく。3歳児では，かけっこをしても順位にはそれほどこだわらない。5歳児になると順位にこだわるようになる。このことは，3歳児ではまだ自己中心的で，まわりを十分に意識していないともいえる。仲間意識（チーム意識）についても，2チームに別れて何か競い合った場合でも，3歳児では勝ってもあまり大きな喜びは感じにくいと思う。4・5歳児になると，チームの勝ち負けにより，喜んだり，悔しがったりするようになる。このことは，年齢が上がるにつれて，仲間意識が強くなることを表している。別の見方をすれば，年齢が上がるにつれて，自分のチームのためにがんばるという意識が育ってくるといえる。

　これらのことから考えれば，子どもの発達段階を理解していなければ，指導者が楽しいあそびと考えていても，子どもたちにとっては楽しくない状況も考えられるということである。

（5）目的・ねらいをもつこと

　子どもたちに運動あそびを指導する場合には，そのあそびをすることによって，主にどのような力をつけようとするのかを考える必要がある。そのねらいは，体力的な面，技術的な面，社会性の面，精神的な面と，いろいろ考えることができる。もちろん一つの運動あそびのなかにいくつかのねらいが含まれることも多い。

　例えば，鬼ごっこをする場合でも，その種類によって含まれる運動能力はいろいろである。敏捷性を必要とするもの，持久力を必要とするもの，調整力を必要とするもの等，その目的に合わせて種目を選択する必要がある。

（6）時期・季節を考えること

　子どもたちのあそびから，季節感が消えようとしている。ひと昔前までは，季節によって寒い時期のあそび，暑い時期のあそび等々，子どもたちのあそびは移っていった。

　指導をする場合でも，冬の寒いときに，リレー形式のあそびをすると，せっかく暖まったからだが待つ間に冷えてしまう。この時期には，全員で動き回り，また，運動量の多いあそびが適しているといえる。逆に，暑い時期には，適当に休む時間がとれるようなあそびが適している。

　また，新学期のころは，まだクラスのまとまりが十分でないので，全員で何かを完成させるようなあそび，力を合わせて行うようなあそびが適している。

　とくに，幼稚園の3歳児クラスでは，初めて集団を経験する子どもが多いため，あまり難しい課題を与えるのではなく，ほぼ全員ができる課題から出発して，徐々に難しい課題に移っていくようにしたいものである。最初の段階で，できないという経験をさせると，運動あそびが嫌いになる子どもも出てくることがある。

（7） 安全に対して配慮すること

　どんな楽しい運動あそびをしても，けがをする子どもが出ると，その活動は台なしになる。子どもは，思いもかけない行動をすることがある。例えば，「突然，鉄棒で手を離してしまう」「突然，走りだして人とぶつかる」等々，子どもは，まわりの状況を把握して行動する力が十分ではなく，また，筋力も弱く，敏捷性も十分に発達していない。そのため，ぶつかりそうになっても，すばやくよけることや，転びそうになっても，すばやく体勢を立て直すことができない。このような状況を，指導者は，十分に頭に入れて指導する必要がある。

　またけがには，走っていての転倒，友だちとぶつかってのけがなど，やむを得ないように思える事故もあるが，グラウンドに砂が浮いて滑りやすくなっていた，穴が空いていた，間隔を十分にとっていなかった等の原因によることも考えられる。

　運動をする前に，子どもたちの動きや行動をイメージして計画を立てることが大切である。

（8） 体を動かす楽しさを経験させること・十分な運動量の確保

　幼児期に，体を思いっきり動かして汗をかき，心地よい疲労を感じる経験をすることは，その後の運動に対する取り組みに大きな影響を与える。逆に過度の運動になったり，訓練的あるいは強制的に取り組ませた場合は，逆効果になる。

　子どもたちが，はりきって運動をしようと戸外に出てきた場で，準備に時間がかかりすぎて待たせてしまったり，楽しくないあそびを強制されたりした場合，運動に対して消極的な気持ちになる。

　運動の楽しさは，内容と十分な活動と適度な休息の組み合わせにより成り立つ。そして，なによりも大切なことは，子どもたちが能動的に取り組む環境を設定することである。

　そのためには，指導者がいつまでも子どもを引っ張るのではなく，子どもたちが自分たちで活動できるようにサポートする場面も必要である。

（9） 挑戦する気持ちを育てること

　最近の子どもたちの傾向として，最初から自分ができないと思いこんでいる子どもが増えてきているように感じる。子どもは，本来，できないことでもできると思い，挑戦する気持ちを強くもっていた。

　子どもに，「やってごらん」と言うと，「できない」と言う。「先生が手伝ってあげるから，やってごらん」と言うと，たいして手助けもなしにできる場面がよくある。これは，経験のないことに，挑戦してみようという気持ちが弱くなってきているのであろうか。

ある運動をする場合に，少しずつ難しい課題を提供することにより，子どもたちが，こんなことができたんだという，自信をつけさせることが大切である。この自信は，運動の場面だけではなく，他の分野にも大きな影響を及ぼす。

例えば，水あそびで，蹴伸びをしたとする。そのときに，「さっきは，ここまでだったのに，今度はここまで来れたよ」等，具体的に進歩を示すことも大切である。

それと同時に，子どもたちができなかった場合に，失敗感や挫折感を抱かせたまま終わらないようにする必要がある。完全にできなくても，さっきよりはこれだけ進歩したんだということを子どもに確認させて終わるようにする。

とび箱を例にとると，跳び越すことはできなかったが，「お尻がここまで前に来るようになったんだ」ということを子どもに示してやる。そうすることにより，子どもは，次にはがんばろうという気持ちでその時間を終えることができる。

(10) 基本的な動きを身につけさせること

子どもに指導する場合に，頭に入れておかなければならないことは，子どもは発達途上にあるということである。言い換えれば，まだ十分に，いろいろな技術や動作を習得できておらず，基本的な動きや技術を覚える段階だということである。これに対して，大人は，ある程度，基本的なことが身についているので，少しそれを制限するようなことがおもしろく感じられる。

例えば，大人は，「右と言ったら左に跳ぶ，左と言ったら右に跳ぶ」ほうが，「左と言ったら左に跳ぶ，右と言ったら右に跳ぶ」よりもおもしろいだろう。これは，右と言ったら右に跳ぶということが習慣化されているから，その逆がおもしろいのである。しかし，子どもにおいては，習慣化されていないので，「右と言ったら，すばやく右に跳び，左と言ったらすばやく左に跳ぶ」運動でも楽しむことができる。むしろ，このことのほうが大切なのである。

大人の感覚で，複雑にしたり，ひねったりするよりも，基本的な動作をすばやくする等のほうが，子どもにとっては大切であり，楽しむこともできる。

3. 発達段階と運動指導

(1) 乳幼児期における運動発達の特徴

1) 発達の原則からみた運動指導のあり方

発達には一定の法則があり，「上（頭部）から下（臀部）へ」「内（中心部）から外（末端部）へ」と発達する。乳幼児期の発達過程では，未分化から分化，そして，統合しなが

ら動きを獲得していく。幼児には偏った動きだけをさせるのではなく，五感を通し，いろいろなあそびを経験させ，身体のすべての大筋を動かし，全身的な活動を促すことが重要である。

しかし，年齢が高くなればなるほど，基本的な動作を繰り返すことや，強制的ではなく自然的な活動のなかで，手足や指先などの末端の小筋の動きを取り入れ，神経系の調整力を高めていくことが必要である。また，個々人の年齢や発育発達の状況に応じた身体各部位を，各種の筋力によって動かし，組織や情動のはたらきを活性化させることに努めることが大切で，筋持久力や全身的な持久性などの機能を育てていくことは，幼児期には無理をさせないようにしなければならない。

このことは，子どものスポーツ活動においても同様であり，小さいころから限定したスポーツ種目だけを偏ってさせるのではなく，多種多様なスポーツを楽しみながら体験させるようにオールラウンドの指導を心がけることが大切である。

また，発達段階を年齢別に分けると，年齢が低ければ低いほど，個人差が大きいことを認め，生まれながらの遺伝的要素と誕生後の環境的要素の両面からの影響を考慮し，胎児期ならびに乳幼児期からの全面的な発育・発達を保障していくことが求められる。

したがって，幼児期の運動指導では，身体的，精神的ならびに社会的な要素からみた全面的な視点からとらえることが大切であり，生活や遊びながらの環境を通した指導のあり方が問われている。とくに，集団性や社会性が著しく発達する時期であることから，それぞれの集団における環境や一人ひとりの経験の違いを十分に配慮すると同時に，心身の発達の状況を把握するためにも，性差や月齢差を重視することを忘れてはならない。

子どもの特性のひとつとして，獲得した能力を繰り返し使用しようとする「自発的使用の原理」があげられるが，それぞれの能力の獲得時期には，どの時期であっても，教えればすぐにその能力ができるようになるのではなく，教えるのが早ければよいというのでもない。

子どもの運動発達の指導上の留意点として，新しい能力を獲得するためには，それぞれに系統的に関連した基礎的能力が成熟していなければならない準備段階としてのレディネス（準備性）があり，また，新たに能力を獲得し発揮できるためには，成長発達としての段階的に習得するにふさわしい適切な時期としてのタイムネス（適時性）がある。

したがって，指導者は，しっかりこれらの時期を見定めて，最近的な領域として，適切かつ望ましい系統的および段階的な運動発達を促すため，少し手前に刺激を与えるように，指導計画のなかに取り入れていかねばならないであろう。

2) 乳幼児期からの運動発達と体育指導のあり方

ここでは，「体育における原理と指導方法」（図3-2）をもとに，幼児体育における運動指導について，生涯発達の視点から，説明することにする。

このことは，「体育とは，身体活動を通しての教育である」ことからも，その目的として，心身の一体化による人間美の発達には，最高到達水準である健康や幸福などをめざすことがあげられ，生きがいのある生活力による審善美の追究によって，重要な人生の意義を見いだすことができるはずである。

この体育原理の指導の根底には，自由あそびと体操があり，幼児期の体育あそびの基本であるムーブメントあそびと体操（体を操る：身のこなし）に置き換えることができる。生活やあそびでの行動にとっての運動発達の現れといえ，ここでいう自由あそびを解釈すると，「あそびとは，自主的・自発的・自然的・自立的・創造的な自らが没頭して集中している自由な活動そのものである」といわれている。保育所や幼稚園での集団保育の大切なことからも，そこには，生物的なヒトから人としての自然的な個の発達と，人から人間としての集団で生きていく社会化への発達の両面からみていく必要があり，望ましい心身の発達にとっての大切な自然性と自由性が含まれていると考えられる。

したがって，乳幼児期からの運動発達の指導のあり方が，その後の運動発達と縁が深いスポーツやトレーニング活動に発展し，知性や感情などの発達を経て，その成長過程のなかでの健康をつかさどる基本的生活習慣の形成につながっており，子どもの時代に楽しんだあそびによる基礎体力づくりは，その人の人生を左右する大きな要因となっている。

つまり，各発達段階において，「心身ともに健やかに生きがいをもって行動でき，将来，

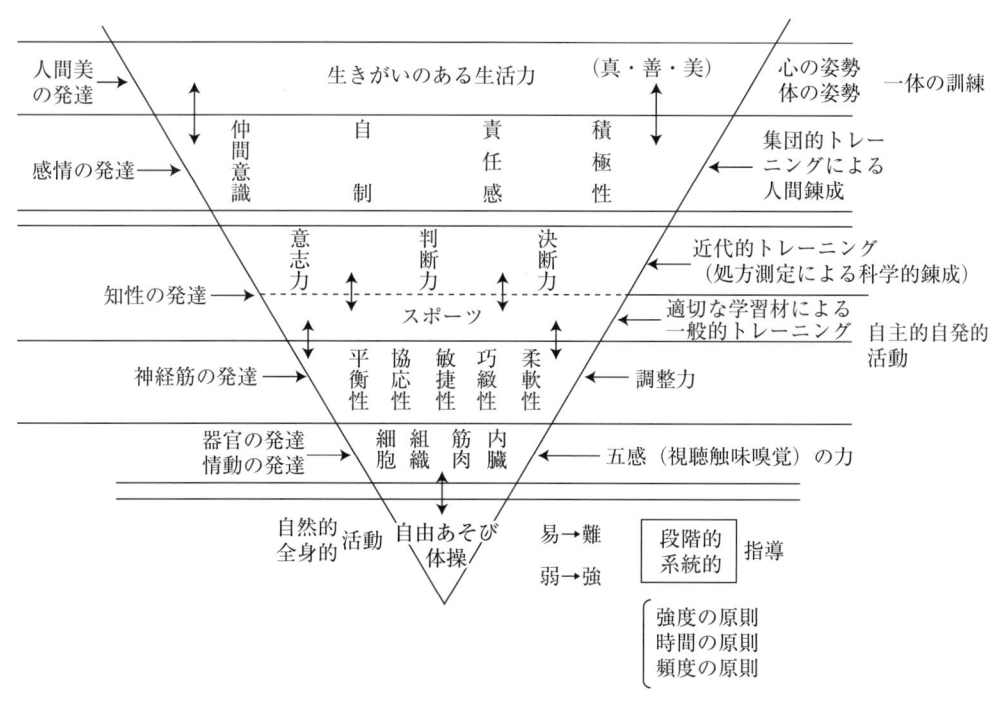

図3-2 体育における原理と指導方法
〔Interpretation and Objectives（Nash）より，米谷加筆作成，山根耕平・米谷光弘他：自由な子どもの発見，ミネルヴァ書房，p.75，1985〕

社会の一員として，明日をよりよく生きるために，今，何をしたらよいか」という命題を自問自答し，社会に適応しながら生きぬくことにより，その行動を伴う過程での気づきが成長の糧となっているといっても過言ではないであろう。

(2) 幼児期の運動発達からみた体育あそびの指導

1) 幼児体育における運動発達プログラム

　運動技術については，運動種目ごとに成就率（70～80％程度）の発達レベルを収集・整理し，それらの指導内容とそれぞれの指導方法を習得しておくことが望まれる。とくに，動きを伴う指導では，けがや事故については，細心の注意を怠ってはならなく，予測される指導上の配慮や安全の留意点をチェックすることを忘れないでほしい。また，環境構成には絶えず気を配り，活動的なあそびへと誘導し，十分に運動欲求を満足させ，活動する喜びを体験させるためには，指導者は場数を踏んでおく必要がある。どのような集団であり，どんな子どもがいるのかを瞬時に把握し，子どもの気持ちを最優先しながら，興味や関心を引き出すにはどうしたらよいのか，臨機応変に指導できるように心がけておかねばならない。さらに，指導者がモデルになり，率先して直接的に指導するよりも，子ども同士が教えることにより，お互いができるようになるまで，間接的な指導を重視し，助け合える場と時を提供できれば，仲間意識や思いやりを育てることにつながり，みんなで協力し，みんなから承認してもらうことにより，みんなでする喜びを共有することができるであろう。

　したがって，他の子やグループと比較することにより，競争意識を利用し，場の雰囲気をもりあげていくことは，時には必要であるが，鉄棒の逆上がりができたとか，とび箱が何段とべたとか，また，ボールつきが何回できたかやなわとびが何回とべるようになった等，運動技術にかかわる量や得点だけの結果や，「○○くんよりも上手だ」とかの形だけを評価するのは好ましくなく，その子自身の取り組む姿勢を認めてあげ，できるようになるまでの努力のプロセスや質の向上を大事にしてほしい。つまり，各自の能力に応じたスモールステップの目標を設定することにより，目標を達成できた喜びや伸びている喜びを自覚させながら，自らの能力を発揮し，自らが考え工夫する喜びを満足させることにより，できるまで挑戦する姿勢を育ててほしい。そのためには，ほめたり喚起を促したりしながら，外発的な動機づけから，そのあそびを自らが好きになり，やる気を起こすまでの内発的な動機づけに移行させ，運動技能として獲得すれば，生活のなかで応用できる能力や新しいアイディアを生み出す創造する能力を養うことへと発展させていくことが可能となる。

2) 幼児体育の系統的・段階的指導とその順序性と法則性

　幼児の体育あそびを指導する場合，系統的・段階的指導法があり，それには順序性と法則性が存在している。

何も使わない動きのあそびであるムーブメントあそびについて，未分化→分化→統合の過程を吟味し，年齢別発達段階（①3歳未満児　②年少児　③年中児　④年長児　⑤卒園児）の5段階の運動の発達レベルごとに分類・整理し，確認する。

　次に，それぞれの移動動作の場合については，基本的動作（ムーブメントの基本：①匍匐　②歩走　③跳躍　④回転　⑤平均　⑥追逃　⑦運搬　⑧追補）を知ることにより，リズム・テンポの音楽に合わせて，動きを変化させることを身につけさせる。また，運動の発現・維持・調整のそれぞれの能力を組み合わせながら，あそびを展開していき，さらに，子どもといっしょに新しいあそびを創作することや，集団ゲームとして発展させることにより，遊び方を考え，共通するあそびのルール化づくりに挑戦する。

　とくに，保育における集団あそびのなかにおいては，人数（①個人　②対人　③小グループ―3～4名程度―　④中グループ―6～12名程度―　⑤大グループ―24～36名程度―）を変化させ，それぞれのかかわりを通して，共同作業を楽しむことにより役割分担を学びながら，保育での集団化の過程を経験し，積極的に仲間づくりをしていくようにはたらきかける。

　さらに，それぞれの体育あそびの指導における導入段階では，個や集団に適した外発的な動機から内発的な動機への移行する手立てをみつける。展開段階では，子ども一人ひとりのニーズに応じてのスモールステップ by ステップの積み重ねを重視し，あそびそのものを楽しく経験していく。まとめの段階では，動きや要素の組み合わせを考える学習や遊びながらの学習を体験させるように発展する。

3）　幼児の体育あそびにおける具体的な運動指導法

　幼児体育の主題あそびのなかには，身近な素材を使ったあそびとして，操作性遊具（①ボール　②縄　③フープ　④棒　⑤フリスビー　⑥チューブ　⑦プレイリング　⑧パフリンク等）があり，単一ユニット→複合ユニット→総合ユニットと変化・発展することにより，その特性を知ることが大切である。また，素材（①紙－新聞紙・筒・ダンボール箱等　②布－鉢巻き・リボン・風呂敷など　③ゴム－風船・ホース・チューブ等）をいかすことにより，それらの違いを知ることが必要であり，重さ・大きさ・長さ・形・色彩などの違いが及ぼす影響や異なった環境に応じて性質や状態が変化することを気づかせれば，それぞれを比較することにより，その法則性とその独自の特性を発見できるというおもしろさがある。

　これらの経験学習を基に，新しい素材を使ったあそびを開発し，創意工夫する楽しさを知ることにより，創造力に磨きをかけることになる。

　これまでに保育現場から生まれたあそびとして，サーキットあそびの独自の指導法があり，幼児用に開発した体育あそびの代表的な遊具としては，①ピタッチあそび　②アヒルホッケーあそび　③パラバルーンあそび，等が挙げられる。

（3） 運動発達の指導からみた幼児体育の今後の課題

　幼児体育は，子どものころからの調和的な健康および総合的な体力づくりとの関係が深いことから，従来のスポーツや技術指導中心の体育指導のあり方を見直さなくてはならない時期にきているのではないだろうか。

　とくに，調和的健康とは，身体的・精神的ならびに社会的にも，完全に良好な健康状態のことを指し，運動・栄養・休養の3本柱として成立させることが求められ，身体的・情緒的・知的・社会的な要素からみた総合的な体力づくりのあり方が問われていることになる。

　ここに，幼児体育が体育あそびの指導といわれる根拠を見いだすことができる。なぜならば，指導者にとっては，体育としての専門的な指導による教育の一環であり，子どもにとっては，あそびそのもので，自主的・自発的・自然的・創造的な自由な活動ではなくてはならないからである。つまり，遊びながらの学習を基本として，身体的要素では「活動する喜び」，情緒的要素では「伸びるできた喜び」，知的要素では「考える喜び」，社会的要素では「みんなで考える喜び」の4つの喜びを満足させ，継続的に単元ごとに多種多様な主題を掲げ，遊ぶ楽しさと生きる喜びを経験しながら，新しい発見と気づきにより，自己実現を達成していくことが重点的な目標のひとつであると理解できる。

　したがって，乳幼児からの体育あそびの指導では，運動発達が中心に位置づけられ，運動の習慣性を奨励することにより，生活やあそびの場面で発現された行動面や防衛面として身につける過程のなかで，人間関係のコミュニケーション能力，環境への適応・改善能力，言葉による伝達・理解能力，自己表現能力などの心身の健康に影響を与えるすべての能力との関連を見据えた指導法の改善が急務であり，指導者自身も人生において研鑽（けんさん）し受け継いできた大切なものを後世に伝える役割の担い手とならなくてはならないと考えられる。

　幼児体育の指導者にとって，運動発達への貢献は大きいことが明らかであるが，運動発達を指導するということは，単に，運動技能や運動技術を獲得することだけや運動能力を高めることだけを主眼においていてはいけない。幼児体育におけるあそびを通した運動指導は，調和的健康および総合体力づくりとしての果たす役割は大きく，将来の生きがいのある生活力をめざし，あそびの指導の流れを止めないように，自由なあそびへと誘導させていくことが大切である。また，保育（乳幼児期―胎児期を含む―からの全面的な発育・発達を保障する教育）との関連も深く，あそびと生活によって，保育の5領域（①健康　②人間関係　③環境　④言葉　⑤表現）と養護の領域を融合させ，子どもと指導者（教育者・保育者など）が融和できる共通の世界のなかで喜びを共有できる状況まで，教育および保育の質と量を高めていくことが望まれるであろう。

　最後に，幼児体育の使命として，幼児体育での順序性と法則性を指導に取り入れること

により，応用力や創造力が培われ，あそびの楽しさのなかでの新しい発見を体験したことが，日ごろの生活のなかで合致することに気づく喜びにつながれば，新しいシステム化を生み出す独創的な環境改善能力と個性的な人間力を身につけていくきっかけになると期待できる。

4. 運動指導時のコミュニケーションスキル

（1） 最初の言葉かけ

まず最初にすべきことは，子どもたちに今から体育あそびをするのだという意識をもたせることである。そして，「今日も元気にがんばろう」「楽しく遊ぼう」という気持ちにさせることが大切である。最初に，この気持ちを子どもたちがもてば，いろいろな面でうまくいく。

そのためには，子どもたちが集まったところであいさつをする。このとき，指導者は，子どもたちの顔を一人ひとり見て，顔の表情を見る。元気のない子を見つけた場合は，言葉をかけるようにする。そして，あいさつの後，子どもたちに「みんな元気だねぇ」「今日は何をして遊ぼうかな」「今日は，フープを使って遊んでみようか」「ボールを使って遊んでみようか」等，その日に遊ぶ内容を知らせる。

例えば，フープを使うのなら，「ハイ，フープを一つずつ取ってこよう」と言って，フープを持ってこさせる。

ここで，すぐに指導に入るのではなくて，「フープでどんなことができるかな」と問いかけることが大切である。子どもたちは，転がしたり，おなかのまわりで回したり，くぐったりするだろう。そして，きっと「先生，見て，見て。こんなことができるよ」「先生，こんなことができた」等と言ってくる。指導者は，「上手だねぇ」「ほんとだ」「すごいなぁ」などと対応する。このときに，あまりできない子どもには，「こんなことをしてごらん」と言葉をかける。しばらく，自由に活動をさせてから，みんなを集めて，その日の指導をはじめる。

つまり，その日の最初の出会いの場面から，子どもたちにどのような言葉かけをして，子どもたちのやる気や能動的な活動を引き出すことができるのかが大切なのである。

（2） わかりやすい説明と見本の提示

子どもたちに，あそびの方法，技術やルールを説明するときには，その年齢の子どもたちが理解できる言葉で説明する。3・4・5歳児と言葉の理解度は違う。また，子どもたちは，経験が少ないため，言葉から行動やルールをイメージする力が十分ではない。そこ

で，指導者が，言葉だけではなく，実際に動作を見せて説明をしたほうが理解しやすいといえる。そして，ゆっくりとはっきりと言葉を伝える。

　例えば，とび箱で腕立て開脚跳びを指導するときの手をつく位置だが，「前のほうにつく」という説明ではわからない子がいる。そのようなときには，指導者が実際にとび箱の上の前方に手を置き，「このあたりに，このようにして，手をつくんだよ」と位置を実際に示して見せる。

　ルールを説明するときも，何人かの子どもを実際に動かして，このような場合は，アウト，このようにすればうまくいく，こんなことをしたら危険だからしてはだめ等と視覚を通しての説明のほうが理解しやすい。地面に図を描いて行う場合は，その図を見せながら説明する。

（3）望ましい言葉づかい

　言葉づかいは，できるだけていねいなほうが望ましい。しかし，基本的には「促す言葉」を使うようにする。指導者のなかには，「〜してください」という言葉を使っているのを耳にするが，子どもたちに頼むのではないのだから，「〜しましょう」「〜します」場合によれば「〜して」というような言葉がよい。例を挙げると，「ハイ，みんな並んでください」ではなくて，「ハイ，みんな並びましょう」「ハイ，みんな並びます」「ハイ，みんな並んで」等の言葉のほうが望ましい。

（4）子どもたちと共に喜び合える言葉かけ

　実際の活動に入った場合には，できるだけ子どもたち一人ひとり，全員に言葉かけができるとよい。その言葉は，短い言葉でも，場合によれば言葉でなく，子どもたちとのアイコンタクト，あるいはハイタッチでもよい。その言葉は，子どもたちが何かできたとき，一生懸命に行った結果に対して，指導者が共に喜び，それをほめる言葉である。「やったね」「できたね」「すごい」「よくがんばった」「惜しかったなあ，もうちょっとだったのに」等々。この言葉かけがあってこそ，子どもたちは次もがんばろう，また挑戦しようという気持ちになることができるのである。

（5）子どもの欲求に耳を傾けること

　5歳児組の子どもたちに，あるとき，タイヤにロープを結びつけて，一人が上に乗ってあとの2人で引っ張って移動するあそびをしたときのことである。自由にロープを引っ張って遊んでいた。しばらくしていると，一人の子どもが，「先生，道を描いてよ」と言ってきた。なるほどと思い，「それじゃあ，道を描くから，その上をはみ出さないように通るよ」と言って道を描いた。自由に引っ張るよりも難しくなった。しばらくすると，「先生，

駅をつくって」と言ってきた。「どうするの」と聞くと、「駅まで行ったら乗る人を替えるの」ということであった。なるほど、こんどは、道の途中に○を描き、その脇にコーンを置いて、「赤い駅ができたよ、ここは黄色の駅だよ、ここは緑」と言って、駅をつくってやった。子どもたちは、最初のうちは、順番に交代して乗っていたが、途中からは、駅に着くとジャンケンをして、勝った子どもが乗るようにしていた。子どもたちは、あそびをおもしろくする才能がある。子どもたちの思いついたことを聞き入れていく姿勢は大切である。

（6） ポジティブな言葉かけ

子どもたちを指導するとき、例えば、ボールをうまく蹴れない子どもに「そんな蹴り方はだめ。こうして蹴らないと」とか、鉄棒の指導のときに「そんな握り方はだめ。落ちてしまうよ」等の、否定的な言葉かけばかりをするのは、あまり望ましくない。それよりも、「こうして蹴ると、もっと遠くまで蹴れるよ」「こうして握ると落ちないよ」というようなポジティブな言葉かけをすると、子どもたちはより素直に受け入れることができ、また、積極的に取り組もうという気持ちになる。

（7） ほめるということ

子どもたちは、なぜいろいろなことに一生懸命に取り組むのだろうか。それは、親や先生にほめてもらいたい、認めてもらいたいという気持ちからではないだろうか。だから、子どもが上手にできたとき、がんばったときには、必ずほめてやりたいものだ。ほめてもらうと、子どもたちは、またがんばろうという気持ちになれる。

（8） しかったあとのフォロー

あそびのなかで、乱暴な行動をしたり、ルールを意識的に破ったり、危険なことをした場合には、きちんとしかることも大切である。よくルールを決めておいて、それを破っても放置する指導者もいるが、これは問題である。決められたことは、きちんと守らせる姿勢をもたなければ、子どもたちは次からもルールを無視するようになる。とくに最初に注意したにもかかわらず危険な行動をした場合は、きちんとしかる必要がある。

しかられれば、子どもは当然、落ちこむ。この場合、気をつけたいことは、どこかで気分を変えてやることである。あそびの途中で「こんどは、うまくやってるね」「きちんとルール守れてるね」等、またあそびの終わりに「よくがんばっていたね」「きちんとしたら、上手にできたね」等、こうした言葉かけをすることによって、子どもは気持ちをもち直すことができるし、次からはきちんとしようという気持ちになるだろう。

（9） 参加しない，できない子どもたちへの言葉かけ

クラスの中には，運動あそびに慣れない時期には，あそびに参加しない，できない子どもも何人かいる。この子どもたちに，どのように対処するかが大きな課題である。無理矢理しかって参加させるのは，考えものだし，そのままおいておくわけにもいかない。

「どうしたの」「したくないの」「やってごらん。おもしろいよ」「ううん」

「そうか，それじゃしばらく見ている」「うん」

こうして，あそびがはじまる。しばらくしているうちに，いつの間にか入ってくる場合もあるが，入ってこない場合は，時々，「はい，このボール蹴ってごらん」「いっしょに走ってみようか」と言って，手を持ってやる。このようにタイミングをみて，言葉かけをしてみる。場合によれば，「これ，手伝ってくれないかな」と言ってみると，手伝ってくれることもある。そこから，「こんどは，やってごらん」と言うと，入る場合もある。最後まで参加できない場合は，「こんどはいっしょに遊ぼうね」と言って別れる。放置したり，無視したりしないで，タイミングをみて優しく参加を促す言葉かけが大切である。

（10） スキンシップについて

子どもたちといっしょに行動するときに，大きな効果を発揮するのが，スキンシップである。うまくできたときに，「やったね」とハイタッチをしたり，本当によくがんばったときには，高く抱き上げてやったり，鬼あそびで最後まで残った子どもの手を挙げてやり，「チャンピオン」と言ってやったりすることにより，その子どもは喜ぶし，他の子どもたちもがんばろうという気持ちになる。また，頭をなでたり，肩をたたいたり，順番に何かをするときに「ハイーッ」と言って背中を軽くたたいて合図を送る等の軽いボディコンタクトも，子どもたちとのコミュニケーションの手段としては有効である。

5. 体力と運動スキル

(1) 体力

　体力とは，いったい何なのであろうか。考えてみたい。体力には，人間の勢いを決める身体的資源という側面があり，人間が活動していくうえでの原動力のようなものをいう。英語のフィジカル・フィットネスということばに相当する。このような意味での体力は，大きく二つの側面に分けられる。一つは，健康を脅かす外界の刺激に打ち勝って健康を保持していくための能力で，病気に対する抵抗力，暑さや寒さに対する適応力，病原菌に対する免疫などがその内容で，「防衛体力」と呼んでいる。

　もう一つは，運動やスポーツをする時に必要とされる能力で，身体を積極的にはたらかせる能力で「行動体力」と呼ばれる。つまり，体力とは，いろいろなストレスに対する抵抗力としての防衛体力と積極的に活動するための行動体力を総合した能力であるといえる。

　また，行動体力は，行動を起こす力，持続する力，正確に行う力，円滑に行う力の4つに分けられる。

1) 行動を起こす力

① **筋力**……筋が収縮することによって生じる力のことで，英語では strength という。つまり，筋力とは，筋が最大努力によって，どれくらい大きな力を発揮し得るかということで，kg であらわす。

② **瞬発力**……パワー（power）という言葉で用いられ，瞬間的に大きな力を出して運動を起こす能力をいう。

2) 持続する力

① **筋持久力**……用いられる筋群に負荷のかかった状態で，いかに長時間作業を続けることができるかという能力で，muscular endurance という。

② **全身持久力**……全身的な運動を長時間持続する能力で，呼吸・循環機能の持久力である。これを，cardiovascular/respiratory endurance と呼んでいる。

3) 正確に行う力（調整力）

① **敏捷性**（びんしょう）……身体をすばやく動かして方向を転換したり，刺激に対してすばやく反応する能力で，agility という。

② **平衡性**……バランス（balance）という言葉で用いられ，身体の姿勢を保つ能力をいう。歩いたり，跳んだり，渡ったりする運動のなかで，姿勢の安定性を意味する動的平衡性と静止した状態での安定性を意味する静的平衡性とに区別される。

③ **巧緻性**（こうち）……身体を目的に合わせて正確に，すばやく，なめらかに動かす能力であり，い

わゆる器用さや巧みさのことで，skillfulness という。
④協応性……身体の2つ以上の部位の動きを，1つのまとまった運動に融合して，目的とする動きをつくっていく能力をいい，複雑な運動を遂行する際に必要とされる重要な能力である。英語では coordination という。

4） 円滑に行う力

柔軟性……からだの柔らかさのことで，英語で flexibility といい，身体をいろいろな方向に曲げたり，伸ばしたりする能力である。この能力がすぐれていると，運動をスムーズに大きく美しく行うことができる。関節の可動性の大きさと関係が深い。

（2） 運動スキル

子どもたちの運動を，移動系の動き（歩く・走る・跳ぶ・スキップする・登る・泳ぐ等），操作系の動き（投げる・蹴る・打つ・とる・止める等），平衡系の動き（バランス立ちをする・片足で立つ・渡る等）の3つの「身につけるべき運動技能」に分けることができる。また，「移動系の動き」に対して，その場でぶら下がったり，引いたり，押したりする「非移動系の動き（その場での運動スキル）」という言葉を用いる場合がある。

1） 移動系運動スキル
　歩く，走る，跳ぶ，はう，スキップする等，ある場所から他の場所へ動く技術。

2） 操作系運動スキル
　投げる，蹴る，打つ，とる等，物にはたらきかけたり，操る技術。

3） 平衡系運動スキル
　バランスをとる，まわる，転がる等，姿勢を保つ動きの技術。

4） 非移動系運動スキル（その場での運動スキル）
　その場で，ぶら下がったり，押したり，引いたりする技術。

なお，運動時に養われる能力として，身体認識力と空間認知能力とがあるので，紹介しておきたい。

①**身体認識力**……身体部分（手や足，頭，ひざ，指など）とその動き（筋肉運動的なはたらき）を理解し，認識する力。自分の体が，どのように動き，どのような姿勢になっているかを見極める力である。

②**空間認知能力**……自分の体と自己を取り巻く空間について知り，体と方向，位置関係（上下・左右・高低など）を理解する能力である。

●移動系

初歩的運動の段階（0〜2歳）
初歩的・基礎的運動技能
腹を地につけてはう（Crawling），四つ足ではう（Creeping），はい上がる，歩く，登る，降りる

基本的運動の段階（2〜7歳）
基本的運動技能
走る，止まる，リープ，スキップ，ホップ，ギャロップ，跳ぶ，とび上がり降り，よじ登る，跳びつく，跳び越える，またぎ跳ぶ，かわす，くぐる，すべる，泳ぐ

腹ばい前進
スキップ
おウマとびのり

●操作系

初歩的運動の段階（0〜2歳）
初歩的・基礎的運動技能
手を伸ばす，つかむ，つまむ，はなす，ほうる

基本的運動の段階（2〜7歳）
基本的運動技能
投げる，蹴る，打つ，つく（まりつき），たたく，捕まえる，受ける，運ぶ，担ぐ，下ろす，押す，引く，こぐ

ほおる
まりつき
フラフープ

●平衡系

初歩的運動の段階（0〜2歳）
初歩的・基礎的運動技能
頭・首のコントロール
転がる（寝返り），腕で支える，座る，かがむ，立つ，立ち上がる

基本的運動の段階（2〜7歳）
基本的運動技能
回る，転がる，片足で立つ，バランス立ちをする，ぶら下がる，乗る，渡る，逆立ちをする，浮く

1人すわり
逆立ちをする
片足で立つ

第4章　保育における体育あそび

1. 保育のなかの体育あそび

（1）保育の基本

　幼稚園や保育所で行われる保育は,「幼稚園教育要領」および「保育所保育指針」に基づいて展開されている。ここで示されている内容は,子どもがさまざまな環境とかかわりながら主体的に活動していくなかで,人間として生活していくために必要な基礎力を身につけ,望ましい人間生成という目標を達成するために,子どもたちが幼稚園や保育所で経験しておくことが望まれる活動の内容を指す。その活動のなかで,子どもがどのように育っているかを確認する視点として,次の5つの領域を示している。
①心身の健康に関する領域「健康」
②人とのかかわりに関する領域「人間関係」
③身近な環境とのかかわりに関する領域「環境」
④言葉の獲得に関する領域「言葉」
⑤感性と表現に関する領域「表現」
　この5つの領域は,小学校教育の教科のように個々が独立し,領域ごとに時間割が組まれ展開されるのではない。あくまでも子どもは,幼稚園や保育所において総合的に活動を展開しているのであり,領域は,保育者が,総合的な活動を通して発達する子どもの姿をどのようにとらえ,援助していけばよいのかを考えるための視点となるものである。また,各領域には幼稚園や保育所を終了するまでに育つことが期待される「ねらい」と,ねらいを達成するために指導する「内容」が示されている。この「ねらい」と「内容」について,幼稚園教育要領では,「各領域に示すねらいは幼稚園における生活の全体を通じ,幼児が様々な体験を積み重ねる中で相互に関連をもちながら次第に達成に向かうものであること,内容は幼児が環境にかかわって展開する具体的な活動を通して総合的に指導されるものであることに留意しなければならない。（幼稚園教育要領　第2章より抜粋)」と記されている。これは,指導計画を作成する際,「ねらい」や「内容」をそのまま記載するのではなく,子どもの発達や生活する姿に合わせた具体的なねらいや内容を設定していくことを示している。そして,保育者は,設定されたねらいや内容を子どもの具体的な活動を通して総合的に指導していくことになる。

幼稚園や保育所で保育を行う際，現行の幼稚園教育要領や保育所保育指針では，保育は子ども自身が生活のつくり手となって生活を主体的に展開されるものであり，そのためには，子どもがかかわりたくなるような環境が重要とされている。環境は，「幼児との信頼関係を十分に築き，幼児と共によりよい教育環境を創造する」という役割をもつ教師・保育士や子ども等の人的環境から，施設や遊具などの物的環境，さらには自然や社会などの事象に至るまで多岐にわたる。そして，子どもはこのさまざまな環境を通して育っていくのである。子どもが環境とかかわるということは，子どもをとりまく人や物からはたらきかけられ，かつ自らもはたらきかけていくことである。つまり，保育者は，子どもが自発的にかかわれる環境を提供し，かかわりのための援助をすることが役割となるのである。

（2） 体育あそびの位置づけ

子どもは，周囲の環境から刺激を受け，自分から興味・関心のあるものに熱心に取り組みながら発達していく。つまり，子どもの発達は，何かをだれかにさせられるのではなく，子ども自身の主体的な活動が大切であり，子ども自身の能動的なかかわりによって進んでいくということである。

あそびは，子どもの生活のなかで自らかかわっていく主体的な活動である。あそびは，周囲の環境から刺激を受け，興味・関心をもって，その環境にかかわり，かかわることそのものを楽しんでいる。また，あそびは，一人ひとりによってとらえられ方が異なる。それは，同じ環境にかかわっても，その子どもの発達やそれまでの経験によって，興味・関心が違ってくるからである。つまり，あそびのなかで学んでいること，育っていることは，子どもによって異なることになる。

体育あそびは，いろいろなあそびのなかで身体をダイナミックに使った運動あそびである。身体活動を子どもが主体的に展開していくためには，"やってみたい"という心の動き，運動意欲を起こすことが必要である。この運動意欲は，幼児の心が安定していて体の調子がよいといった子ども自身の内的条件と，子どもをとりまく環境条件に影響を受ける。

環境条件には，あそびを誘発する遊具や道具，施設などの物的環境のほか，保育者の共感や承認，励ましや適切な援助，仲間関係といった人的環境，そして，自然，社会事情などすべてを指している。また，"してみたいこと"がいつも失敗したり，思い通りにならなかったりすると運動意欲が低下し，これとは逆に自分の思いが実現すると，充足感をもち，自信もついてきて積極的な行動につながる。

このように，自分の思いを実現し，運動意欲を満足させるためには，その年齢の生活やあそびにふさわしい身体的能力や運動技能が求められる。これらの能力や技能は，身体を多様に使う体育あそびを多く経験することによって身につくのである。

ここで，多様な体育あそびを考えるうえで留意しなければならないのは，保育のねらい

は運動技能を伸ばすことにあるのではないということである。「幼稚園教育要領」の領域「健康」には，その内容において「様々な活動に親しみ，楽しんで取り組む」とあり，内容の取り扱いにおいては，「様々なあそびの中で，幼児が興味や関心，能力に応じて全身を使って活動することにより，体を動かす楽しさを味わい，安全についての構えを身につけ，自分の体を大切にしようとする気持ちが育つようにすること」，「自然の中で伸び伸びと体を動かして遊ぶことにより，体の諸機能の発達が促されることに留意し，幼児の興味や関心が戸外にも向くようにすること」と示してある。

　体育あそびは，あくまでも「あそび」としての取り組みの一つであり，子どもがくり広げるあそびが充実していくために，身体をダイナミックに使って遊ぶことによって，結果として身体能力や運動技能の発達につながっていくという視点をもってとらえることが重要である。そして，体育あそびを通して期待される発達は，身体能力や運動技能だけでなく安全に行動することや自分の身体について興味をもつことを含み，さらには，保育内容に示されている5領域が相互にかかわり合い，総合的な発達が期待されていることを忘れてはならない。

2. 保育の計画

（1） 保育における計画の必要性と考え方

　保育は，子ども自身が生活の作り手となり，日々の生活や活動が主体的に展開されていくものである。そして，この日々の活動の積み重ねが子どもの育ちにつながっていく。保育者の大切な役割として，子どもの自発的・主体的な活動を促し，それを発展させること（援助）がある。子どもが自発的・主体的な活動を展開し，よい方向へ育つためには，保育者は見通しをもって子どもとかかわり，援助していくことが求められる。つまり，保育の計画が必要であり，その計画をどのように考えて実行していくかが大切である。よって，ここでは，幼稚園・保育所における保育の計画について述べてみよう。

　保育の計画については，幼稚園教育要領では，指導計画作成上の留意事項において，「幼稚園教育は，幼児が自ら意欲をもって環境と関わることによりつくり出される具体的な活動を通して，その目標の達成を図るものである。幼稚園においては，このことを踏まえ，幼児期にふさわしい生活が展開され，適切な指導が行われるよう，次の事項に留意して調和のとれた組織的，発展的な指導計画を作成し，幼児の活動に沿った柔軟な指導を行わなければならない」と記されている。また，保育所保育指針では，「保育所では，保育の目標が達成するために，保育の基本となる『保育課程』を編成するとともに，これを具体化した『指導計画』を作成しなければならない」と記されており，どちらも計画の必要

性が述べられている。

では、保育は、子どもの主体的な活動であり、そのときの状況に即して展開されるものであるとしているなか、なぜ、計画が必要なのであろうか。計画が必要な理由として、次の6つをあげる。

1）幼稚園・保育所の担っている社会的役割

公立私立を問わず、保護者から子どもを預かり、公的援助を受けて保育をする立場として、どのような目的で、どのように保育をするのかが、第三者にある程度わかるようにしておくことが求められる。

2）保育者間の共通理解

保育は、組織体で運営されている。共に保育している者同士が、共通の目標、活動などの方向性、子どもの理解の仕方、すなわち、保育観、発達観を共有し、確認しなければならない。計画として書かれたものは不十分ではあるが、それを媒介として、園全体の保育が調和的に実施されるように話し合う等、共通理解への手がかりとして大切である。

3）保育者自身の準備と見通し

保育の主人公は子どもであるが、保育の担い手は保育者であり、園全体もクラスも保育者によって管理、運営がなされている。保育がより有効に展開・発展するための見通しや構想は、適切な準備のために必要であり、予測や心構えなしの活動は実践後にその成果が十分に把握されにくく、よい実践でも刹那的で一過性のものになりやすくなる。

4）子どもの発達と経験の見方をつくる

具体的には、どのような経験や活動の積み重ねがどのような子どもの発達につながるのか、これまでの経過から今後の予想をし、計画を立てる過程で、自分がかかわっている個や集団の発達の順序や育ちの道筋を実質的にとらえる試みがなされている。

5）子どもの状態と保育環境、保育材料の関連の理解

環境が提供しているものを、どのように子どもの生活に取り入れ、いかすことができるか、子どもの状態を踏まえて、子どもの外側に目を向けて、子どもの活動をより豊かに、より質を高めたりするためのアイディアを作ることは、計画の重要な一側面である。

6）子どもの実態、実践と自分の見通し、予測との関連をとらえる

計画（予想）は、机上で考えられたことであり、実践は異なってくる。つまり、計画は、その通り実行される行動計画ではない。保育が終わって実際と照らし合わせてみて、自分が子どもについて予測し準備が適切にできたか、言い換えれば、保育について自分の想像力と構想力を確かめることができるのである。

以上、計画が必要な理由として6つあげたが、指導計画を立て実践していくうえで留意したいことは、計画を実践しているのは子どもであるということ、そして、計画は保育者が"今の子どもの姿"を基にして、これから向かうであろう子どもの育ちの"見通し"の

うえに立てたものであり，子どもの発達や生活の実態に応じて柔軟に展開されるものであるということである。どのように綿密に考えられた計画であっても，それは単なる予想であって，現実の子どもの生活や活動はその通りに展開するものではなく，また，時には，保育者の予想とは違った展開をすることもある。その場合には，子どもの活動を計画に引きもどすのではなく，その活動の展開のおもしろさを大切にしつつ，そこで，子どもがどのような体験を積み重ねているのかを読み取りながら，場や援助の手順を組みなおし，計画の修正・再編成をしていけばよい。

(2) 教育課程・保育課程と指導計画

保育の計画は，教育・保育の全貌を示したものと，実際の生活や活動の内容を示したものの2種類がある。ここでは，その種類と，計画を立てる手順・関連について述べる。

1) 教育・保育の全貌を示したもの

幼稚園・保育所には，各園の保育の目標・目的を達成するために，入園から卒園までの保育の方向性を示した教育課程・保育課程がある。この教育課程・保育課程は，幼稚園教育要領や保育所保育指針に示されている保育の基本的事項を踏まえ，乳幼児期にふさわしい保育を展開するために，子どもの発達段階やそれぞれの園の文化や特質，地域の要望や環境を考慮して作成された，いわゆる園の顔となる大切な保育の基本計画書である。つまり，教育課程・保育課程は，各園における子どもの在園期間を見通した全体的な計画書であり，日々の保育はこの計画書に沿って展開されている。

2) 実際の生活や活動の内容を示したもの

教育課程・保育課程で示した保育の方針を，具体的な保育に展開していくために作成されるのが指導計画である。指導計画は，各保育者が，自分の担当する（クラスの）子どもたちの発達の実情や生活状況に照らし合わせ，日々の保育のなかでどんな内容をどのように展開していくかについて具体的に表したものであり，教育課程・保育課程に則て作成される。指導計画には，子ども一人ひとりの活動をイメージしながら一定の期間の見通しをもった「長期指導計画」と，日々の子どもの姿をとらえた具体的・実践的な「短期指導計画」がある。いずれにしても，教育課程・保育課程との関連があるものであり，かつ，子どもの実態に即したものである必要がある。

保育者が指導計画を立てるということは，担当する（クラスの）子どもたちが，「どのように育ってほしいか」，「そのために，どのような活動を大事にしたいか」，そして，「どのような環境を構成し，援助していくか」といった，保育者の保育観やめざす子ども像が表現されることになる。しかしながら，指導計画が絶対であり，何が何でも計画通りにというものではない。計画はあくまでも計画であって，保育を実践していくなかで常に評価・反省を行い，子どもの姿に合わせて計画の修正・改善をしていく柔軟な姿勢が求められる。

2. 保育の計画 55

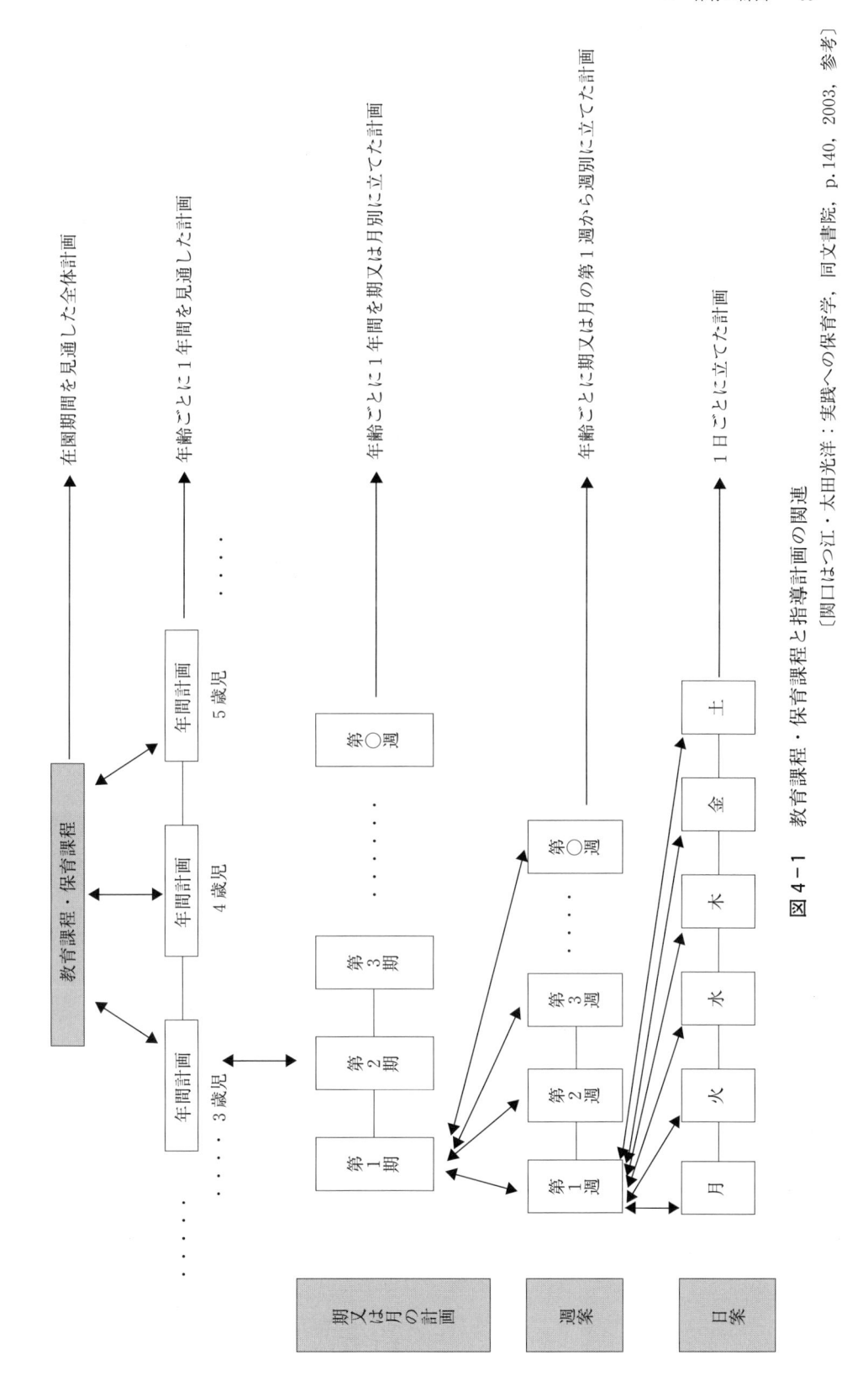

図4-1 教育課程・保育課程と指導計画の関連
〔関口はつ江・太田光洋:実践への保育学,同文書院,p.140, 2003,参考〕

（3） 長期指導計画

　長期指導計画は，保育者が長期的な子ども一人ひとりの発達する姿と活動する具体的なイメージをもって，それぞれの担当学年・年齢で保育者が作成していくものである。作成するにあたっては，前年度の子どもの育ち（記録）と教育課程・保育課程を資料に，「今」の子どもの実態を把握することが大切である。そして，子どもたちの発達や生活の姿を，年間に経験してほしい活動，生活に必要な習慣や技能，また，季節の変化，行事などからイメージして作成される。長期指導計画は，「この1年間で，子どもがどのように育ってほしいか」という保育者の願いが反映されている。

　長期指導計画には，年間指導計画・期間指導計画・月間指導計画がある。年間指導計画は，1年間の子どもの発達の姿を見通して立てられたものであるが，期間指導計画・月間指導計画は1年をいくつかに区切って立てられたもので，子どもの発達の姿をより実態に近いイメージで見通すことができる。また，以前は，月間指導計画が多くみられたが，最近では，子どもの発達の姿が季節の変化や行事などを通した経験・生活に影響されやすいことから，期間指導計画を立てることが多い。

（4） 短期指導計画

　短期指導計画は，各クラス担当者が一人ひとりの子どものあそびや生活，それに対する援助を具体的に示した計画である。指導計画のなかで，最も子どもの生活や活動に即した計画であり，日々の子どもの実態をしっかりととらえられていなければならない。週案や日案といわれるものがこれにあたるが，最近では，週日案として1週間と日々の活動を1枚の計画書に記述するものも用いられている。週の初めに，子どもたちに体験してほしい活動や生活に必要な習慣や技能などをねらいとしてあげ，その週に予定されている内容（例えば，行事）を含みながら子どもの活動や育ちの見通しを立てていく。

　週案の立て方は，まず，その週の中ごろまでの子どもの活動や環境・援助を具体的に記していく。そして，子どもの活動の状況を見ながら週の終わりまでの計画を立てる。ここでも子どもの「今」の姿をとらえるため，前日までの子どもの姿を書き出し，それをもとに修正を加えながら，日々の計画を立てていく。そして，2週目は，1週目の活動を深めていくように計画が立てられる。日案・週案は連続性をもったものであり，子どもたちの活動の日々の変化や発達の姿が映し出されてくる。

　短期指導計画は，日々の子どもの活動や育ちの方向性が具体的に示されるため，保育者の意図が強くなりやすく，具体的な計画を立てるほど，保育者主導で保育が進められがちになる。活動はあくまでも子どもが主体である。保育者は，初めの計画にとらわれることなく，子どもの姿から，常に，評価・反省し，修正・再立案を行う姿勢が大切である。

2. 保育の計画

資料　週案の形式例（⇨は、作成の流れを示す）

子どもの実態（姿）	今週のねらいと経験させたい内容	環境構成・援助のポイント
○前週の子どもの実態を記す。	○子どもの活動が前週より深まるように、前週の子どもの姿をもとにねらいと経験させたい内容を記す。	○ねらいと経験させたい内容を達成させるための構成や援助について記す。

月	火	水	木	金	土
子どもの活動 ○ねらいと経験、環境構成をもとに予想される子どもの活動を記す。	子どもの活動 ○前日の記録をもとに、週の初めに予想した活動を修正する。	子どもの活動	子どもの活動	子どもの活動	子どもの活動
反省・記録 ○その日の反省や子どもの姿を記す。（実態の把握）	反省・記録	反省・記録	反省・記録	反省・記録	反省・記録 ○週最後の反省記録が次週のねらいと経験させたい活動につながる。

〔河邉貴子：遊びを中心とした保育―保育記録から読み解く「援助」と「展開」―、萌文書林、pp. 84-85、2005、参考〕

3. 体育あそびの計画

(1) 指導計画と体育あそび

体育あそびは，子どもの活動のなかからそれだけを取り出して計画し，展開されていくものではない。体育あそびは，保育全体の目標やねらいを達成させるための活動の一つとして，保育の計画に取り入れていくものである。

1) 年間計画

体育あそびは，まず，教育課程・保育課程に基づき，年間計画のなかで位置づけていく。位置づける際には，2つの方向から考えることができる。1つめは，保育者が望む子どもたちの1年間の育ちの方向である。保育者は，各年齢の発達の特徴を踏まえたうえで，1年間で経験させたい活動や習得させたい運動技能，身体能力をねらいに取り入れていく。2つめは，年間行事からの位置づけである。体育あそびと最もかかわる行事は，運動会である。年齢や発達など，子どもの実態に即して運動会のねらいを立て，ねらいを達成させるための活動内容（経験させたい種目）を計画しておくとよい。

次に，年間計画で位置づけられた体育あそびを，期間指導計画のなかで子どもの発達や生活の実態に即して具体的に考えていく。このことにより，年間計画のなかでねらいにあげた育ちの方向性を達成させるための具体的な体育あそびが，1年間のなかで計画的に実践できるように，環境を提供することが可能となる。また，年間行事，運動会とのかかわりにおいては，運動会に向けていろいろな体育あそびが経験できるような環境を提供すると同時に，子どもたちが体育あそびを楽しみ，主体的に活動できるために，活動を通して達成感や充実感を味わえるようなはたらきかけが必要になってくる。

> **事例** 運動会で5歳児の種目に障害物競走を取り入れようと計画した。障害物の内容は，とび箱をよじ登り，飛び降りたり，平均台を渡ったり，梯子（はしご）をくぐったり，トンネルをくぐったりである。そこで，年間のはじめから子どもの発達の実態に合わせて，計画的にいろいろなあそびのなかに取り入れるよう，環境を提供し，はたらきかけていくことにした。子どもたちは，運動会の1か月前までに障害物競走で行われる運動・動作を経験し，運動会直前の練習ではとまどうことなく障害物を克服できた。そして，当日は，意欲に燃えて楽しみながら参加していた。

障害物競走で行われる内容を運動会直前に行ったとしたらどうであろうか。子どもはその障害になかなか慣れず，楽しいはずの運動会が苦しく負担になってしまう場合が出てく

る。また，直前の経験は，さまざまな方法や内容を通した"あそび"ではなく，直接的な種目の経験，練習になってしまう。行事を見通した体育あそびの計画を行うことで，子どもは楽しんで行事（事前の練習も含む）に参加できるのである。

2）短期指導計画

短期指導計画は，保育者が子どもの姿を的確にとらえられることが重要である。子どもは，どのようなあそびをしており，何を楽しんでいるのか，主に活用している遊具・用具は何か，仲間との関係はどうか，活動・行動範囲はどのくらいであるか，子どもの身体的能力や技能はどのくらいであるか等を，保育者が把握する。そして，そこで何が育っているのかを見極め，これから育っていく方向を見通し，よい育ちに向かうような活動が展開されるための環境を考えていくのである。

> **事例** ジャングルジムの近くに子どもたちが集まり遊んでいるが，周囲をぐるぐると走って回るだけである。時折，1段目に上がるが，それ以上は登っていかず，また，中をのぞきこむが，入ろうとはしない。そこで，次の日，保育者は，ジャングルジムの中のそう高くない位置に一枚のすのこ板を渡した。登園してきた一人の子どもが興味を示し，そのすのこ板のところまで入っていき，その上に腰かけた。中から見たまわりの景色がおもしろかったのか，みんなに声をかけて，中に入るよう誘った。他の子どもたちも集まり，中に入ってすのこ板の上に次々と腰かけようとする。すのこ板がいっぱいになり，座れない子どもがでてきた。すると，だれかが，保育者に別のすのこ板を求め，自分たちで好きなところに据えはじめた。ジャングルジムでのあそびは数日続き，そのうち，それぞれがいろいろなものをジャングルジムの中に持ちこんで，あそびが展開された。

あそびを通して，いろいろな姿勢や動作を獲得してほしいということは，どの保育者も願うことであり子どもの育ちのねらいにも含まれる。ジャングルジムは，いろいろな姿勢変化や動作をもたらす遊具である。子どもたちの活動から，ジャングルジムに興味を示したことを保育者が察知し，ジャングルジムにあそびのきっかけとなるような環境（ここではすのこ板）を仕掛けたことで，子どもたちのあそびはジャングルジムを通して展開していった。そして，結果として，いろいろな姿勢変化や動作を経験することができたのである。このように，保育者が子どもの活動をよく観察し，"今"の姿をとらえ，それがもとになって，次の日の指導計画（日案）が立てられるのである。

（2）見通しをもった体育あそびの計画をするために

体育あそびが「あそび」としての取り組みの一つであり，子どもの活動のなかから体育あそびだけを独立させ，保育とは別の活動として展開されるものではないことは，これま

資料　日案の形式例－1

〇〇〇組　　　　　　　　　　　　　　　　　　　　　　　　　　年　月　日

子どもの姿	〇前日の子どもの活動から子どもの姿（実態）を書く。	ねらい	〇前日の子どもの姿から保育者の子どもへの望みを書く。 〇主語は子どもであること
		内容	〇ねらいを達成させるために経験させたい内容を書く。

時間	環境構成	予想される子どもの活動	保育者の援助
登園時刻から降園時刻まで	〇ねらいや内容に必要な環境構成を書く。 （図示するとわかりやすい）	〇子どもたちの活動や取り組みについて，予想して書く。	〇予想される子どもの活動をどのように援助していくか，また，活動がスムーズに展開されるための援助のポイントを書く。

〔文部省：指導計画の作成と保育の展開，フレーベル館，pp.66-67，1991年，参考〕

資料　日案の形式例－2

〇〇〇組　　　　　　　　　　　　　　　　　　　　　　　　　　年　月　日

子どもの姿	ねらいと内容
〇前日の活動から子どもの姿を書く。	〇子どもの姿から保育者としての子どもへの望みを書く。 〇ねらいを達成させるために経験させたい内容を書く。

時間	環境構成　　子どもの活動　　保育者の援助	子どもの記録　　反省・考察
登園時刻から降園時刻まで	〇ねらいと内容に必要な環境について書く。 　　　　（活動の場のつくり方） 〇予想される子どもの活動について書く。 〇子どもの活動をどのように援助していくか，また，活動がスムーズに展開されるための援助について書く。 〇一日の流れについて，とくに留意したいことを書く。	※今日一日の子どもの活動を振り返る 〇実際の子どもの活動を記録する 〇記録からわかること，保育者としてのかかわり方について書く。 ※この欄に記録されたことが次の日の日案のもととなる

〔高杉自子・森上史朗・神長美津子：演習保育講座第3巻　保育内容総論，光生館，p.114，2000，参考〕

でに述べてきた通りである。体育あそびと最も関連が深い領域は「健康」であるが，体育あそびはただ単に自分の身体を使って遊んでいるのではない。人や物，自然とかかわり，自分の気持ちや意思を言葉で伝え，また，身体で表現する等，保育内容に示されている5つの領域が相互にかかわっている。体育あそびは，総合的な発達が期待されるあそびであり，保育者は，体育あそびを通して何が育っているのかをしっかり把握しておかなければならない。つまり，体育あそびがよい展開をしていくための適切な見通しをもった計画が必要とされるのである。

体育あそびがどのように展開・発展していくかを見通すためには，保育者は，子どもの成長発達や活動・行動の読み取りのほか，運動の特徴や発達の仕方（運動の系統性），体育あそびの特徴や展開・発展する方向性，運動遊具の特徴を知る必要がある。そして，子どもの活動・あそびのなかから"今"の身体的能力や運動技能の状態を見極めるためには，保育者が体育的活動をとらえる視点が重要である。体育あそびを考えていくうえでの基礎知識となるものであるが，これらを知ることにより，直接的および間接的な援助の仕方がみえてくるのである。

（3） 外部講師による体育あそびと保育

幼稚園・保育所においては，外部講師による体育的活動を行っているところが多い。これまで，子どもの活動のなかから体育あそびだけを独立させ，保育とは別の活動として展開されるものではないことを述べてきたが，この外部講師による指導を全面否定するものではない。子どもは，体育の専門家が保育者とはちょっと違った高度なことを教えてくれ，それができたときの喜びは大きいものであろうし，何よりも元気いっぱい自分たちと活動してくれることがうれしい。また，体育講師が堂々とはつらつと動くため，子どもも誘発され，ダイナミックな動きが引き出されることが多い。

ただし，ここで問題となるのは，"保育とは別の活動として展開される"ことである。保育者側からの問題は，身体を使った活動は体育講師によるもののみで，あとはほとんど身体を使った活動をする時間をとらないこと，運動や体育的活動は講師にまかせっきりで，保育者自身がそこにかかわらなかったり，子どもの動きに関心をもたなくなったりすることである。外部講師側からの問題は，一方的に自分のカリキュラムを押しつけ，園の指導計画，保育内容を無視した計画であること，子どもの実態を把握せず計画通りに指導を推し進めてしまうことである。これは，子どもの運動嫌い，体育嫌いにつながることがある。

保育とは別の活動として展開されないためには，外部講師と保育者がいっしょになって体育的活動の指導計画を立てることである。外部講師は，その園の教育課程・保育課程や指導計画を十分に理解し，そこからかけ離れることのないような指導計画を立てなければならない。また，子どもの実態に即した指導内容にしていくために，保育者から子どもの

姿の十分な情報をもらい，また，講師自身の目でもとらえていく。そして，何よりも，はじめに計画した指導の内容が子どもの実態にそぐわないときは，修正できるゆとりのある計画を立てる必要がある。保育者は，外部講師が指導中もいっしょに活動することが大切である。講師と，子どもといっしょに活動することによって，子どもの状態を把握することができると共に，講師が何にねらいを置いて指導しているのか，その活動によって何が子どものなかに育っているのかを実感できるからである。そうすることで，子どもたちが体育指導中に経験したことを，保育のなかで展開しようとしているときに適切な援助ができ，また，体育指導の内容がさらに発展していくことにつながる。

　子どもたちにとって，専門家からの指導体験は，発達のうえで貴重な体験である。体育指導と保育が別々の活動として行われないよう，外部講師と保育者の十分な話し合いと情報交換が必要である。

第5章　体育あそびの実際

1. からだを使った体育あそび

（1）移動系のあそび

　ボールや鉄棒などの体育・運動的用具を使わずに，からだのみで行う体育的なあそびをここでは扱う。体操あそびや力試しの運動など，用具を使わなくても，いろいろなあそびを展開することができる。そのなかで，歩く・走る・跳ぶといった運動を主とする移動的なあそびは，主に下半身を使って脚力を養うような運動となる。

1）お散歩ごっこ

　より年少な子どもたちと園内を散策しながら，園庭に植えてある樹木をまわってみたり，土手のような斜面があれば登ってみたりする。歩くという基本の運動を楽しみながら，自然にふれたり，普段気づかなかった新しい発見があったりと，体力的にもあまり負担がかからないあそびである。

▲お散歩ごっこ

2）タッチしておいで

　固定遊具や樹木などのある園庭で，最初は指導者が子どもたちに「ジャングルジム！」と言って，子どもたちがさわってくる遊具などをいう。子どもたちが一斉に指導者の言ったものにさわって指導者のところまで戻ってくる。指導者は，手を差し出して，もどってきた子どもたちにタッチをさせる。一番遅かった子どもには，次に何をさわってくるかをいっしょに相談して，子どもと声を合わせて言う。子どもの走力や判断力，敏捷性を育むあそびである。

▲タッチしておいで

3）ジャンケンぴょんぴょん

　15〜20mの距離をあけてラインを引き，一方のラインをスタートラインとして，ラインの手前に全員の子どもが並ぶ。全員の子どもと指導者がジャンケンをして，勝った子ど

もだけが段とびをして前進することができる。ジャンケンの「石（グー）」で勝った場合は3歩，「はさみ（チョキ）」で勝った場合は4歩，「紙（パー）」で勝った場合は6歩などと，前進できる歩数を決めておく。もう一方のラインまで達したらターンして，できるだけ早くスタートラインまでもどってくる。ジャンケンの勝ち負けを楽しみながら，段とびで跳躍力を養うことのできるあそびである。

▲ジャンケンぴょんぴょん

4） 鬼ごっこ

ひと口に鬼ごっこといっても，さまざまな鬼ごっこがある。例えば，指導者がおにとなって子どもたちを追いかけるといった，より年少向けのシンプルなものから，「手つなぎ鬼」のような2人で手をつなぎながら手をつないだ逃げ手を追いかけ，次第におにを増やしていくものや，「子とろ鬼」のように5～8名ぐらいの人数で楽しむもの等，ルールの平易なものからやや複雑なものまで数えきれないほどの鬼ごっこがある。それらのなかから，年齢や子どもたちの興味に合わせて，さまざまな鬼ごっこを子どもたちに体験させる。鬼ごっこのほとんどが，走るという運動で行われるので，体力的には機敏に走ることによって瞬発的な能力と，長時間走れば持久的な能力を同時に養うことができる。

（2） 非移動系のあそび

用具を使わず，移動をともなわないあそびは，体操あそびや模倣あそび，力試しのあそびがこれにあたる。体操あそびと模倣あそびは柔軟性や頭でイメージしたものを身体表現するといった能力を，力試しのあそびは筋力などの体力的要素を刺激することができる。

1） つかめるかな

「頭」，「鼻」，「耳」など，身体のいろいろな部位をさわったり，つかんだりするあそびである。また，「右（左）手で〇〇をさわってごらん」と，一定の条件をつけることもおもしろい。さらに，足を電話の受話器に見立てて，「足電話」として友だち同士でお話を楽しむような発展性も考えられる。このあそびは，身体感覚や柔軟性を養い，身体各部位の名称を覚えることができる。

2） はやく人間になりたい

このあそびは，「進化ゲーム」とも呼ばれていて，カエル，ウサギ，ゾウ等，さまざまな動物のまねをしながら，同じ動物同士がジャンケンをしていき，ジャンケンに勝ったものが大きな動物へと進化できるというあそび。ジャンケンゲームを楽しみながら，動物の動きや鳴き声のまねをすることで，表現力や創造力を育むあそびといえる。

3) おすもうごっこ

2人組になってケンケンや尻で押し合ったり，片手をつないで引っ張り合ったりしての力試しのあそびである。

ケンケンずもうは，地面に適当な大きさの円を描き，その中でケンケンになって腕を組んで，お互いに押し合う。尻ずもうは，同様な円を描き，お互いに後ろ向きになって尻で押し合う。引っ張り合いは，向かい合わせになって片手をつなぎ，自分のほうへ引っ張ったり左右に引いたりしながら，相手を動かし負かせるというあそびである。

力試しのあそびなので筋力も必要だが，身のこなし（器用さ）も同時に必要となるあそびといえる。

4) ジャンケン馬とび・股くぐり

おすもうごっこ同様，2人組になり，ジャンケンをして負けた側の子どもが馬になっている勝った側の子どもを馬とびでとび越えたり，勝った側の子どもの股の間をくぐったりするあそびである。ジャンケンの勝ち負けを楽しみながら，跳躍力や敏捷性などの能力を養うことのできるあそびである。

5) おしくらまんじゅう

だれもが知っている伝承あそびの定番のおしくらまんじゅうである。冬の寒い時期のあそびというイメージがあるが，季節を問わず指導者と子ども同士でスキンシップを図りながら楽しく遊ぶことができる。子どもの人数に見合った適当な大きさの円（必ずしもきれいな円でなくてもよい）を地面に描き，円の中に入って外側を向いた状態で腕を組み，背中や尻で一斉に押し合い，円の外側に押し出されないように足でふんばる。円の外に押し出された子どもは子どもたちの輪の中央に入る，といった罰ゲームのルールもある。円を小さくしていくルールもおもしろい。

▲はやく人間になりたい　　▲ジャンケン馬とび・股くぐり　　▲おしくらまんじゅう

●体操あそび（ジャンプ）●

子どもは，ジャンプすることが大好きである。ジャンプとは，子どもの発育発達の過程で骨に適度な刺激を与え，脚の筋力が発達し，運動量の確保にもつながる。運動能力の向上を考えても非常によい全身運動である。いろいろなジャンプを練習してみよう。

ジャンプを行う場合，はじめは指導者が見本を見せてまねをさせる。着地のしかたに着目させ，ねんざしないように注意しよう。

ジャンプは比較的に運動強度が高く，一気に継続してたくさん実施するとたいへん疲れる。一度に長時間行うと，普段からあまりジャンプ系のあそびをしていない場合，ひざや足が痛くなり，足首やひざなどに炎症を起こす場合もあるため，休みながら行ってもらいたい。連続してジャンプすると，身体の多くの筋肉を刺激し，瞬発力もアップする。また，立ち幅とびの力も高まる。

1人でできるいろいろなジャンプ

①棒ジャンプ

直立姿勢でジャンプしてみよう。5回程度連続で行ってみよう。

②空中グージャンプ

ジャンプしたときに，空中で身体を抱え込み，グーを作ってみよう。連続3回〜5回。

③空中パージャンプ

ジャンプしたときに，空中で脚を開脚に開いてみよう。着地のときに，ねんざをしないよう，気をつけよう。連続2回〜5回。

④空中チョキジャンプ

ジャンプしたときに，脚を前後に開いてみよう。

⑤回転ジャンプ

ジャンプしながら回転をしてみよう。まずは，半分の回転にチャレンジ。回転するときは，まっすぐジャンプすること。傾いてジャンプすると危険なので，傾いていないかどうか，指導者がチェックしてあげよう。

⑥前後ジャンプ・左右ジャンプ

1，2，3，4，5，6，7，8のかけ声

に合わせて，前，後ろへゆっくりジャンプする。はじめから大きくジャンプしようとするとバランスを崩してしまうため，はじめは小さくジャンプする。次第に慣れてきたら，ジャンプする幅を大きくしていこう。左右ジャンプも同じように行う。

上手になってきたら指導者は1，2，3，4のかけ声を早く言って，すばやく前後，または左右にジャンプさせる。上手に身体をコントロールできるようになるまで，繰り返しの練習が大切である。

⑥前後ジャンプ・左右ジャンプ

数人で行うジャンプ

⑦空中ジャンケンあそび

②と③と④のジャンプで，空中ジャンケンあそびができる。指導者は，普通にジャンケンをし，子どもは空中でジャンケンをする。

⑧2人ジャンプ回転

両手をつないでジャンプしながら右回り，左回りの回転をしてみる。

⑨3人ジャンプ回転

3人で手をつないで行う。指導者は，右回り，反対，とかけ声をかける。

⑩ロケットジャンプ

指導者と向かい合わせで手をつないで，ロケット発射3・2・1・発射！で，子どもは，3・2・1のときにかるくひざを曲げてしゃがむ。「発射！」で一気に上方へ高くジャンプする。指導者はジャンプするときに補助をしてあげ，できるだけ高くジャンプさせよう。着地するまで，手は離さずサポートし，着地時にねんざしないように注意しよう。

⑧2人ジャンプ回転　　⑦空中ジャンケンあそび

⑩ロケットジャンプ　　⑨3人ジャンプ回転

●ヨーガあそび●

　この活動は，からだの感覚を呼びさますための動きである。かたちにとらわれず，イメージを大切にしながら，のびのびと楽しく動いていこう。ポーズができあがったらしばらく待つことやアクティブな動きのあとに，静かに横になること等がポイントである。

【あそびで育つもの】
- からだの各部位の感覚への気づき
- 多様な動き方
- 空間知覚，平衡感覚
- 姿勢，呼吸，情緒の安定

【あそび方】
　①動物や自然，見たり聞いたりして知っているものについてのイメージを描きながら，指導者のポーズのまねをする。
　②対象のイメージに変身したつもりでポーズをまねる。
　　動きに音をつけて声を出したり，変形のポーズを創作し，楽しんだりする。
　③同じ形を左右，前後均等にする。あるいは同じポーズを2回する。とくに2回目はゆっくりとポーズに変身できるようにする。
　④数種のポーズを楽しんだあとは，必ず「夢見のポーズ」で静かに休む。

【メモ】
- 形にとらわれないで楽しめるようにする。子どもが意欲的になっていない場合や形をとることが難しい場合は，やろうとしたこと，できているところまでをしっかりと認めて賞賛する。
- 子どもが想像したポーズも奨励し，どのポーズも子どもヨーガの原則（のびのび，想像して，できあがったら少しそのまま，動いたあとはおやすみ）を守らせる。競争をあおる言葉はかけない。「からださんが気持ちのよいところまで」，「おめめをきょろきょろしない」，「片方やったら，反対側も」，「やったつもりで合格です」等の言葉を使うとよい。

〈2歳から〉
　楽しさのめやす
- からだの感覚を楽しむ（第三者からの身体接触）
- からだの気持ちよさや安定感を楽しむ
- イメージを楽しむ（絵や写真やお話から）
- まねをして動く
- イメージになりきったつもりでポーズをとる
- そのポーズを持続する，再度，繰り返す

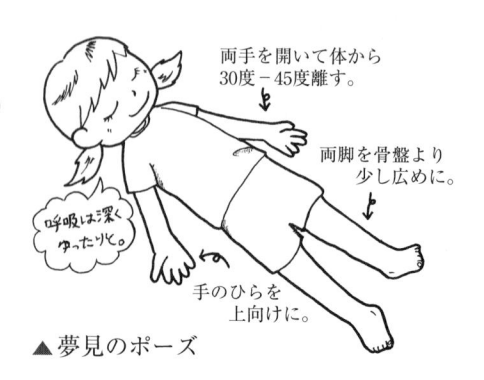

▲夢見のポーズ

両手を開いて体から30度－45度離す。
両脚を骨盤より少し広めに。
手のひらを上向けに。
呼吸は深くゆったりと。

- できたところまでに満足する
- イメージにもとづいて新しいポーズをつくる（理想とのギャップのある場合がある）
- 自分のつくったポーズに満足する
- 友だちのポーズを認める（すてきだと認める）
- 友だちといっしょにポーズをとる（息をあわせる楽しさ）
- 落ちついてポーズをとって持続できる

〈6歳〉

　ポーズ：まるくなる → 反る → ねじる → 体側をのばす → バランスをとる → 前屈する → ひっくりかえる

| まるくなる | 反る | ねじる |

| 体側をのばす | バランスをとる | |

| 前屈する | | ひっくりかえる |

2. 用具を使った体育あそび

●なわあそび●

線路は続くよ

【あそびで育つもの】

移動系運動スキル・平衡系運動スキル　敏捷性(びんしょう)・巧緻性(こうち)・協応性・平衡性・空間認知能力・創造力・集中力

【あそび方】

①なわで好きな形を作る。
②なわの上をいろいろな歩き方をする。前進・後進・横歩き・交差歩き・つま先やかかとで歩いてみる。
③なわの端からスタートして，会った友だちとジャンケンをし，勝ち進んで反対側の端にゴールする。

【メモ】対象：3〜5歳児

- 初めは指導者が形を作り，慣れてきたら，子どもが好きな形を作っていくとよい。
- 歩き方は，いろいろな動物の歩き方などを模倣していくと，楽しさが増していく。
- ジャンケン列車でなわの線路上につながっていくと，さらに協応性が高まっていく。

みんなでくぐりっこ

【あそびで育つもの】

移動系運動スキル・柔軟性・巧緻性　空間認知能力・身体認識力

【あそび方】

①なわをクモの巣上に張りめぐらし，その下をなわに触れないようにくぐる。
②くぐるときの姿勢を腹ばい・四つばい・仰向け等，工夫するとよい。
③なわに触れないように歩いていく。
④慣れてきたら，両足や片足で跳んでいく。

【メモ】対象：3〜5歳児

- なわがたるんでいると，首や足を引っかけたりして危ないので，しっかりと張っているように言葉かけをする。
- 2人組でなわを交差して縦方向に張り，なわに触れないように通り抜ける。

みんなでピョン

【あそびで育つもの】

移動系運動スキル・調整力・瞬発力　空間認知能力・身体認識力

【あそび方】

①足もとに来たなわを跳ぶ。

②腹ばい・四つばいになり、なわをよける。

【メモ】対象：3～5歳児

- なわは、指導者が持ったほうがよい。
- 指導者は、子どもの様子を見ながら動いていくように配慮し、なわを跳んだりよけたりするときのタイミングに合わせて、声をかけていくとよい。

ヘビさんニョロニョロ

【あそびで育つもの】

操作系運動スキル　協応性・筋力　空間認知能力

【あそび方】

①なわを左右に動かして横波をつくり、ヘビのようにくねくねと動かす。

②なわを上下に動かして縦波をつくり、ゆっくり動かしたり、速く動かしたりする。

【メモ】対象：2～5歳児

- なわをヘビのようにくねくねと動かしながら、歩いたり走ったりしてみる。
- 2人組になり、くねくねと動くヘビ役が逃げ、そのヘビをつかまえに追いかけていく。
- ヘビをつかまえにいくときには、ハイハイになったり、足でなわを押さえてもよい。

飛行機ブンブン

【あそびで育つもの】

操作系運動スキル　協応性・筋力　空間認知能力

【あそび方】

①なわを横でまわしながら、歩いたり、走ったりする。

②なわとびのタイミングがつかめるように、まわしながら、空とびをしていく。

【メモ】対象：3～5歳児

- なわが友だちに当たると危険だということを認識させ、十分な広さを確保する。
- 初めは、その場で行い、慣れてきたら歩いたり、走ったりして行ってみる。

前まわし

【あそびで育つもの】

操作系運動スキル　協応性・瞬発力・筋力・リズム感・平衡性　身体認識力・空間認知能力

【あそび方】

①両足で跳ぶ。連続とびで数多く跳ぶ挑戦をしていく。

②片足とびや前蹴り等に発展させる。

【メモ】対象：4〜5歳児

- なわを回す時に，上体が前方に倒れないようにする。
- 前とびが上達してきたら，後ろとびにも挑戦していく。

● フープあそび ●

くぐりっこ

【あそびで育つもの】

操作系運動スキル　巧緻性・柔軟性　身体認識力・空間認知能力

【あそび方】

①輪の中を頭から足へとくぐっていく。

②足から頭へと，くぐりぬける。

【メモ】対象：2〜5歳児

- 素早く，くぐりぬけられるようになってきたら，時間や回数を競ってみてもよい。ひじを伸ばした頭上の高い位置から，フープを落とし，またいで再びくぐりぬけたりしていく。

フープのお家

【あそびで育つもの】

移動系運動スキル　巧緻性・柔軟性　身体認識力・空間認知能力

【あそび方】

①何本かのフープを使って"フープのお家"を作り，それを崩さないようにくぐりぬける。

②いろいろな箇所から入り，ぬけてみる。

【メモ】対象：2〜5歳児

- フープがくずれないように，しっかりと組み込み，指導者は，フープが安定するように支えておく。
- 慣れてきたら友だちのくぐりぬけ方も真似してみる。

フープのチェーン

【あそびで育つもの】

操作系運動スキル・移動系運動スキル　巧緻性・柔軟性　身体認識力

【あそび方】

①手をつないだまま，フープを送っていく。

②チームで競争する。

【メモ】 対象：3〜5歳児

- はじめは，手をつながないでくぐりぬけ，友だちに渡していく。慣れたら，手をつないでみる。渡しづらいところは，友だち同士で見合い，どうしたらうまく渡せるかを考えていく。
- 人数を徐々に増やし，時間を競ったり，チーム対抗にしたりする。

ケンケンパ

【あそびで育つもの】

移動系運動スキル　瞬発力・巧緻性・リズム感　空間認知能力

【あそび方】

①両足でフープを跳んでいく。

②慣れてきたら，片足とびで行う。

③ケンパあそびに発展していく。

【メモ】 対象：2〜5歳児

- いろいろな並べ方をしたフープを各自の好きなとび方で渡っていく。友だちのとび方を真似して，後ろから同じように跳んでいく。
- ケンパのリズムに慣れてから，フープに移行すると行いやすくなる。

コロコロフープ

【ねらい】

操作系運動スキル　協応性・巧緻性　空間認知能力

【あそび方】

①フープを手で転がす。

②フープを目的の場所まで転がしていく。

【メモ】 対象：2〜5歳児

- 最初は，フープをコロコロと転がし，フープといっしょにバランスをとりながら歩いていく。慣れてきたら，フープを追いかけながら，長い距離を転がせるようにしていく。
- 2人組になり，向かい合ってフープを転がしたり，キャッチしたりする。

フープまわし

【あそびで育つもの】

操作系運動スキル　協応性・巧緻性・リズム感・身体認識力

【あそび方】

①なわとびのように、輪をまわして跳ぶ。

【メモ】対象：5歳
- フープのくぐり方が慣れてきたら、後ろから前へ素早く回していくと、跳べるようになっていく。
- 慣れてきたら、両足をそろえて跳んでみる。

● ボールあそび ●

　ボールは、通常、ややわらかい幼児用のボールを利用するが、あそびの種類によって、特徴あるボールを利用することもよい。指導者も積極的にゲームのなかに入り、子どもとボールゲームの楽しさを共有してもらいたい。

キックボールあそび

【あそびで育つもの】

　このあそびは、足でボールを操作する動作を身につけるあそびである。また、チームでのゲームに移行することで、仲間と協力することの楽しさを伝えたい。

【あそび方】

①ラインやカラーコーンをゴールに見立て、ボールを蹴りながら、ゴールに向かう。
②スタート地点からカラーコーンをまわって、もどってくる。リレー形式でもよい。
③1人対1人でボールの取り合いをし、時間を決めてボールキープをする。
④2人対2人でボールの取り合いをする。
⑤徐々に人数を増やして、チーム対チームにし、カラーコーンを使ってゴールをつくり、サッカーの要領でゲームをする。

【メモ】
- はじめはまっすぐボールを蹴ることができなくても、自分の力でゴールに向かうよう時間をかける。
- 指導者がゴール付近に立ち、声かけを行い、幼児が視線を上げて、ボールを蹴ることができるよう導くとよい。
- 上達してきたら、コーンをまわって、スタート位置まで戻るように導く。
- ボールが転がりすぎず、あたっても痛くないようにするためには、ボールの空気を少し抜いておくとよい。
- 点数が入りやすいようにするためには、ゴールは、少し大きめにするとよい。
- 指導者がチームに1人ずつつき、子どもといっしょに作戦を考えよう。

ドッジボールあそび

【あそびで育つもの】

ドッジボールは，ボールを投げる動作を身につけるあそびである。また，チームでのゲームに移行することで，仲間と協力することの楽しさを伝えたい。

【あそび方】

①中あて：円を描いて，円の外から，中の子に向かってボールを投げ，ボールにあたった子は，外に出る。

②低年齢児には，指導者が外からボールを転がし，それにあたらないように円の中を逃げるというルールにする。

③爆弾ゲーム：通常のボールではなく，幼児用のラグビーボールを利用すると難易度が上がる。ボールに触れるとアウトとする。

④お姫様を守れ！ゲーム：指導者をお姫様に見立て，円の中にいる幼児が守る。お姫様がボールにあたった時点でそのチームが負けになる。(男性の場合は，王様を守れ！)

⑤ドッジボール：幼児を2チームに分け，長方形のドッジボールコートで行う。

【メモ】

- 低年齢児では，指導者がボールを転がすことで，安全性を確保する。
- ボールから逃げることを指導するために，ボールを爆弾に見立てて，ルールをわかりやすく工夫したい。
- 大切なものを守る気持ちの芽生えを支援しよう。

バレーボールあそび

【あそびで育つもの】

このあそびは，ボールを落とさずはねかえす動作を身につけ，空間認知能力を発達させるものである。

【あそび方】

①円陣パス：ボールを落とさず何回できるか競う。6人以上で行うと続きやすい。

【メモ】

- 低年齢児には，風船か紙風船を用いる。
- 子どもの身体に合わせて，ソフトバレーボールの大きさを決めるとよい。
- 大きめのソフトバレーボールを使用して，身体のどこにあたってもいいので，落とさないというルールにする。

ボール運びあそび

【あそびで育つもの】

このあそびでは，ボールを持って走る動作を身につけさせる。また，相手を避けながら走る動作を身につける。

【あそび方】

①宝探しゲーム：ボールを宝に見立てて，自陣（島）にボールを運ぶあそび。

②ブルドッグ：ボールを持たないで，相手を避けながら走るゲーム。2チームに分かれ，自陣の島をロープでつくる。攻撃側の子どもは，自陣の島に入り，スタートの合図で相手の島に向けて走る。守備側の子どもは，自陣に入られないように防御し，時間内に何人が相手の島に入れるかを競う。

③ちびっ子ラグビー：攻撃側は，自陣にボールを置くと得点になる。相手チームに身体をつかまえられたら，ボールを離す。

【メモ】

- 宝探しゲームでは，マットで島をつくり，海の向こうに宝があるという設定にすることで，島で準備運動をするよう促す。
- 低年齢児でブルドッグを行う場合は，指導者が守備をし，子どもは全員攻撃側にするとよい。2チームに分けて，対戦する場合は，時間内に何人島にたどりつけるか競う。
- つかまえる代わりに，タオル（もしくはタグ）を腰につけ，タオルが取られたらボールを離すルールにすると，危険性は少ない。
- 島やゴールは，マットを利用するとよい。
- 1人でボールを運ぶのではなく，チームが協力して運べるように，指導者が作戦をたてる。

3. 移動遊具を使った体育あそび

移動遊具は置き方次第で，いろいろな環境を作ることができ，幼児期に身につけたい基本の動きのうち，特に用意された環境に応じて動く能力を引き出すことに役立つ。しかし，代表的な遊具が器械体操の器具と同じため，そのイメージにとれわれやすい。あくまでも幼児期にふさわしい活動となるよう，遊具に親しむことからはじめ，自由な発想で活動できる援助を心がける必要がある。

平均台

高くて狭い一本橋を再現した遊具で，渡る楽しさを味わうことができる。複数の平均台を自由につなげて活動することもできる。

【あそびで育つもの】

平衡性や協応性，集中力を養う。

【あそび方】

①平均台に慣れる

（移動系の動き）くぐる・またぐ・すわる・のぼる等

（ポイント）平均台の高さや幅に慣れるようにする。
　　　　　　平均台をトンネルや柵に見立てて越えるようにしてもよい。

②平均台を渡る

（平衡系・移動系の動き）前歩き・横歩き・後ろ歩き等，さまざまな歩き方もできる。

（ポイント）初めは指導者が手をそえたり，床の上に引いたラインの上を落ちないように歩く練習をする等，子どもが安心して取り組めるようにする。

【メモ】

①平均台をつなげて回廊のようにする。

②平均台を2本にする。片足ずつのせて歩く，2人で手をつなぐ。

③途中に障害物を置き，またぎながら移動する。

マット

回転運動や安全のための補助具として使われ，他の遊具と組み合わせて多彩に利用できる。床よりもやわらかく，衝撃が少ないため安心して遊ぶことができる。

【あそびで育つもの】

巧緻性・柔軟性・平衡性などが養われる。また，持ち運びでは筋力を高めることもできる。

【あそび方】

①マットに慣れる

（移動系の動き）寝転ぶ・はう・歩く・くぐる等

（ポイント）クマ，カエル，ワニ等，動物のまねをするとわかりやすい。

②押す・引く・転がす

（操作系の動き）折りたたんで押す・引く。丸めて転がす。

（ポイント）たたみ方によって摩擦が異なり負荷に違いが出る。子どもの力や人数に合わせて調節する。

③転がる

（平衡系の動き）転がる・まわる等

　ア．横まわり…足を伸ばして・抱えて

（ポイント）やきいもやたまごをイメージして転がることに慣れる

　イ．前転・後転

（ポイント）前転はあごを引き，後頭部がマットにつくようにする。後転は手のひらを上に向けて背中を丸めてまわるようにする。どちらもこう配をつけると回りやすい。最後に好きなポーズをするとより楽しめる。

【メモ】

マットを枠として利用する
- 土俵に見立てておすもう
- おしくらまんじゅう

とび箱

重ねて台として使ったり，バラバラにして枠として使うこともできる。年齢や活動に合わせて高さも調節でき，多彩な利用ができる遊具である。

【あそびで育つもの】

瞬発力，筋力・巧緻性を養う。また，協応性や集中力の向上も図ることができる。

【あそび方】

①とび箱に慣れる

　ア．台として利用する。

（移動系の動き）よじのぼる・飛びおりる

（ポイント）小さい山に登るイメージで高いところを楽しむ。降りるときは，タンバリンをたたいたり，目的地に着地できるようにしてもよい。

（平衡系の動き）乗る・頭部を逆さにして揺らす

（ポイント）船のイメージでゆっくり動かす。

　イ．枠として利用する。

（操作系の動き）運ぶ

（ポイント）電車ごっこのように中に入ったり，順番に運んで組み立ててもよい。

（移動系の動き）くぐる・飛ぶ・渡る

（ポイント）枠をトンネルや橋に見立てるとよい。枠が倒れたり動いたりしないように必要に応じて固定する。

②跳ぶ

（移動系の動き）跳び越す

（ポイント）両足で踏み切り，とび箱の前方に手をつくようにする。

トランポリン

バネを利用した跳躍の連続により，日常では経験できない空中感覚を楽しむことができる。

【あそびで育つもの】

空中におけるバランス能力（平衡性）をはじめとした全身的な調整力やリズム感を養うことができる。

【あそび方】

①トランポリンに慣れる

（移動系の動き）シート上を歩く，前後・横歩き等

（ポイント）不安定なシートの上での感覚に慣れるよう，初めはゆっくり移動させる。

（平衡系の動き）転がる

②跳ぶ

（移動系の動き）ジャンプする

（ポイント）シートの中央に立ち，できるだけシートの弾力性を利用して跳ぶ。跳び上がるときに腕の振り上げを使う。

ジャンプが安定したら，空中で身体を回転させたり，足打ちをしたり，お尻で着地したりする。

【メモ】

（操作系の動き）ボールやなわ，フラフープを持ったり，回したりしながらジャンプする。

- 移動遊具を組み合わせて利用すると，さまざまな動きを経験しながら運動量も高めることができる。また，組み合わせによって運動会の障害物競走にもつながる活動となる。

●マットあそび●

　マットあそびは，小学生になってから本格的に行う体操（器械運動）の基本段階のあそびである。動きのなかで身体を巧みに支配する能力を養ってもらいたい。マットを使用するとはいえ，手首・足首・首を痛める可能性があるので十分注意しよう。

①キックあそび

　手はパーでしっかり床につき，座った状態（手足が床に着き，尻が浮いた状態）から顔の前にボールがあると想定して，右，左（1，2）と連続で，その想定したボールを足で蹴る。（尻は浮いた状態のまま）右，左で1，2と数え，合計で10まで行ってみる。逆上がりの足の蹴り上げの練習にもなる。

②クモさん競争

　床に座った状態（おへそが上向き）から尻を浮かせて，手と足だけで身体を支えた姿勢になる。「クモさんになぁ〜れ！」で，その状態になり，同じ長さのマットを2枚，横に並べて，足を前にした状態で尻を浮かせ，どちらが早いかを競争する。同様に反対を向いて，後ろ向き状態でも競争させてる。

③クモさん鬼ごっこ

　クモさんの状態で鬼ごっこを行う。次第に支持力がアップする。

④だるまさん腹筋

　あお向きに寝て手足を曲げ，少し身体を小さく丸くする。だるまのようにコロコロと，振り子運動を繰り返す。

⑤飛行機バランス

　座って尻が床に着いた状態から，一気に横から見ると，Vになるように飛行機状態をつくって静止する。

⑥カエル支持

　中腰から，すもうの「はっきょい，のこった」の姿勢をする。その状態で手をパーにして床に手をつき，曲げたひじの上にひざを引っかけて足を浮かせる。手で身体を支持する。

①キックあそび　　②クモさん競争　　③クモさん鬼ごっこ

④だるまさん腹筋　　⑤飛行機バランス　　⑥カエル支持

●とび箱あそび●

①川越え（川わたり）
幼児のひざの高さくらいのとび箱のあたま，または丸めたマット（小さな障害物）を，手で身体を支えて横に跳び越してみよう。手で身体を支えることを身につけるための大変重要な運動である。

②グージャンプ踏み切り
とび箱を練習する準備段階の基本技能として，非常に大事な要素である。走って片足で踏み切って踏み切り板を両足で踏む練習をする。指導者は，しっかり両足で踏み切り板を踏んで，上にジャンプできているかをチェックする。慣れてきたら，ジャンプしたときに手をたたいたり，ジャンケンをしたりすると，より楽しさが増す。

③とび箱わっしょい
とび箱の上に座って手でとび箱を押して，前に移動する。縦長のとび箱を2台前に重ねておき，その上を座って端から端まで移動する。足がつかない高さで行うとよい。

④自転車こぎ
とび箱を2台横に並べ，真ん中で，手で身体を支えて足を空中に浮かせてみよう。浮いた足は，自転車をこぐときのように回してみる。何秒，がんばれるかな？

⑤とび箱世界一周
とび箱のあたまだけ，または2～3段のとび箱を用い，手は床，足はそのとび箱に乗せ身体は手押し車の状態になり，横に移動して1周して同じ場所にもどってくる。きついときは，半周でもよい。

①川越え　　②グージャンプ踏み切り　　③とび箱わっしょい

④自転車こぎ　　⑤とび箱世界一周

4. 固定遊具を使った体育あそび

登り棒

登り棒あそびは，高さに対する恐怖心を克服し，腕や足などで垂直に固定された棒を登りおりするあそびである。

【あそびで育つもの】

筋力，持久力，平衡性，巧緻性，身体認識力

【あそび方】

①両手両足を十分に使って登りおりをする。

②登るときは，両足で棒を抑えると同時に，両手を上方へ交互に移動し，両足を上方へ移動して足裏で押さえる。

③上達したら，手だけを使って棒を登る。

④片手をはなしたり，足をしっかり棒にからませて両手をはなしたりする。

【メモ】

- 子どもの尻を下から支えたり，身体を支えたり等の補助をする。
- 慣れてきたら，棒につかまり，右まわり，左まわりをして，回旋を加える。
- 上達したら，2本の登り棒を使用して，登りおりをしたり，隣の登り棒を握って横に渡ってみる。

すべり台

すべり台あそびは，重力に任せてすべり，スピード感を味わったり，腕や足の筋力や巧緻性を生かし登ったり，走り登りをするあそびである。

【あそびで育つもの】

平衡性，巧緻性，身体認識力

【あそび方】

① 手すりをもって，両足を伸ばして，すべりおりをする。
② あお向けになってすべる。
③ 手すりをもって両足（片足）を上げ，すべりおりをする。
④ 手を上げてばんざいをし，すべりおりをする。
⑤ うつ伏せになってすべる。
⑥ 四つばいになって，斜面を登る。または，両手ですべり台の枠をしっかり握り，登る。
⑦ 立って斜面を登る。
⑧ 少しずつスピードをつけて，走って登る。

【メモ】

- 安全上，必ず順番を守って遊ぶよう，約束をしてから遊ぶようにする。
- すべり台を走っておりるのは危険なので，しないように約束しておこう。

ブランコ

ブランコあそびは，足の屈伸活動を利用してこぎ，空中での前後運動をするあそびである。

【あそびで育つもの】

筋力，持久力，平衡性，巧緻性，身体認識力

【あそび方】

① 初めは押してもらって揺らすことからはじめ，次第に自分の力でこぐことができるようにする。
② 腰をかけたままで，調子をつけて大きく振る。
③ 最初は小さな振りからはじめ，次第に大きな振りを経験する。
④ 両手でつりなわ（チェーン）をもって，しゃがみ振りをしたり，立ち振りをする。

⑤ブランコをこぎながら，立つ→しゃがむ→腰かける→しゃがむ→立つ，といろいろな姿勢を連続して姿勢をかえてこぐ。

⑥同じ方向を向いて1人が立ち，1人がすわり，力を合わせてこぐ。

【メモ】
- 安全上，ブランコが振れている最中の飛びおりは，絶対にさせないようにする。
- 遊具周辺に境界線を設け，ブランコを使用しているときは，領域には入らないように約束しておく。

ジャングルジム

ジャングルジムあそびは，身体全身の巧緻性を生かして単純にくぐったり，複雑なくぐり方を楽しんだり，手足の筋力を使って登りおりするあそびである。

【あそびで育つもの】
筋力，平衡性，巧緻性，身体認識力

【あそび方】
① 両手両足をしっかり使って登りおりををする。
② ジャングルジムのまわりをつたいながら歩く。
③ 上下左右，さまざまな方向にくぐって，進む。前向きに進む。慣れてきたら後ろ方向に進む。
④ 高い位置を歩いて渡る。
⑤ 鬼あそびをする。

【メモ】
- ジャングルジムのあそびに慣れてきたら，鬼あそびに使用したり，登った方向でないほうからおりたり，決められた箇所にタッチしてくる等，バリエーションを増やそう。
- ジャングルジムがぬれているとすべりやすく危険なので，必ず確認し，ふくようにしよう。

● **鉄棒あそび** ●

　鉄棒の握り方は，大きく分けて2種類ある。順手と逆手である。親指を鉄棒にかけない「さる手」という握り方もあるが，鉄棒をしっかり握り，また，離さない意識の低下や，手がすべって鉄棒から手がはずれてしまう危険性が高まるため，鉄棒をするときはできるだけ順手か，逆手で親指を鉄棒に巻きつけて行うようにしてもらいたい。近年の傾向として，身体を支持したり，ぶら下がったりする運動を日常生活のなかで行うことが非常に少なくなってきている。幼児の握力（両手握力）と体力との関係は相関するという報告があり，握力が強い子どもは，体力もあるといえる。

　鉄棒をする前に手首を振ったり，ひじを回したりと準備体操を入念にしよう。自分が思ったとおりにできなくて，あっと思ったときに絶対に手を離さないように指導を徹底してほしい。また，鉄棒実施時には，目を閉じないようにすることも大事である。

【握り方】
- 順手…手の幅は肩幅より少し広め。
- 逆手…手の幅は肩幅と同じ。逆上がりをするときは，少し巻きつけるとよい。
- さる手…体操競技の女子の段違い平行棒では，実は「さる手」で演技しているので，慣れるとさる手のほうがやりやすいという人もいるが，しっかり握って離さない意識の低下につながりやすいので，鉄棒を行うときは，順手か逆手にしてもらいたい。

①ダンゴムシ

　腕が短くなるように手をしっかり曲げて，鉄棒からあごが出るか出ないのところで，がんばって10秒間静止してキープする。友だちと競争してみる。

②ななめダンゴムシ

　腕を短く曲げて鉄棒に対して同じ方向になるようにぶら下がり，その状態を保つ。手の持ち方は，「豚の丸焼き」の持ち方である。鉄棒に頭が近い状態でキープする。上手になってきたら，その状態で左右や前後に揺らす。5秒〜10秒はがんばる。

③ツバメ

　鉄棒に支持をしてツバメのようになって静止する。どのくらい長くとまっていられるかを競う。

④ふとんほし

　ツバメから身体を前に倒し，鉄棒をサンドイッチのようにはさみ，ふとんほし状態になる。鉄棒に横2列，2人で同時にふとんほし状態になり，逆さ状態でジャンケンをする。3回勝ったほうが勝ち等，ゲーム感覚で「逆上がり」のときに必要な逆さ感覚を身につけていく。

⑤ツバメジャンケン

指導者は，ツバメをしている子どもの前に立ち，子どもとジャンケンをする。子どもは，足でジャンケンをする。順番を決めて，ゲーム形式で何回か勝つまで繰り返し遊んでみる。遊んでいるうちに，鉄棒あそびに大事な支持力が養えてくる。

⑥**忍者前まわり**

鉄棒で支持をする（ツバメ）。腕をピンと伸ばして，前に回転をして前回りをする。上手になってきたら，着地でドスンとならないように，ゆっくりと足を下ろし，絶対に手は離さないこと。忍者のように音をたてずに着地する。これができれば，身体をコントロールする能力はかなりのものである。

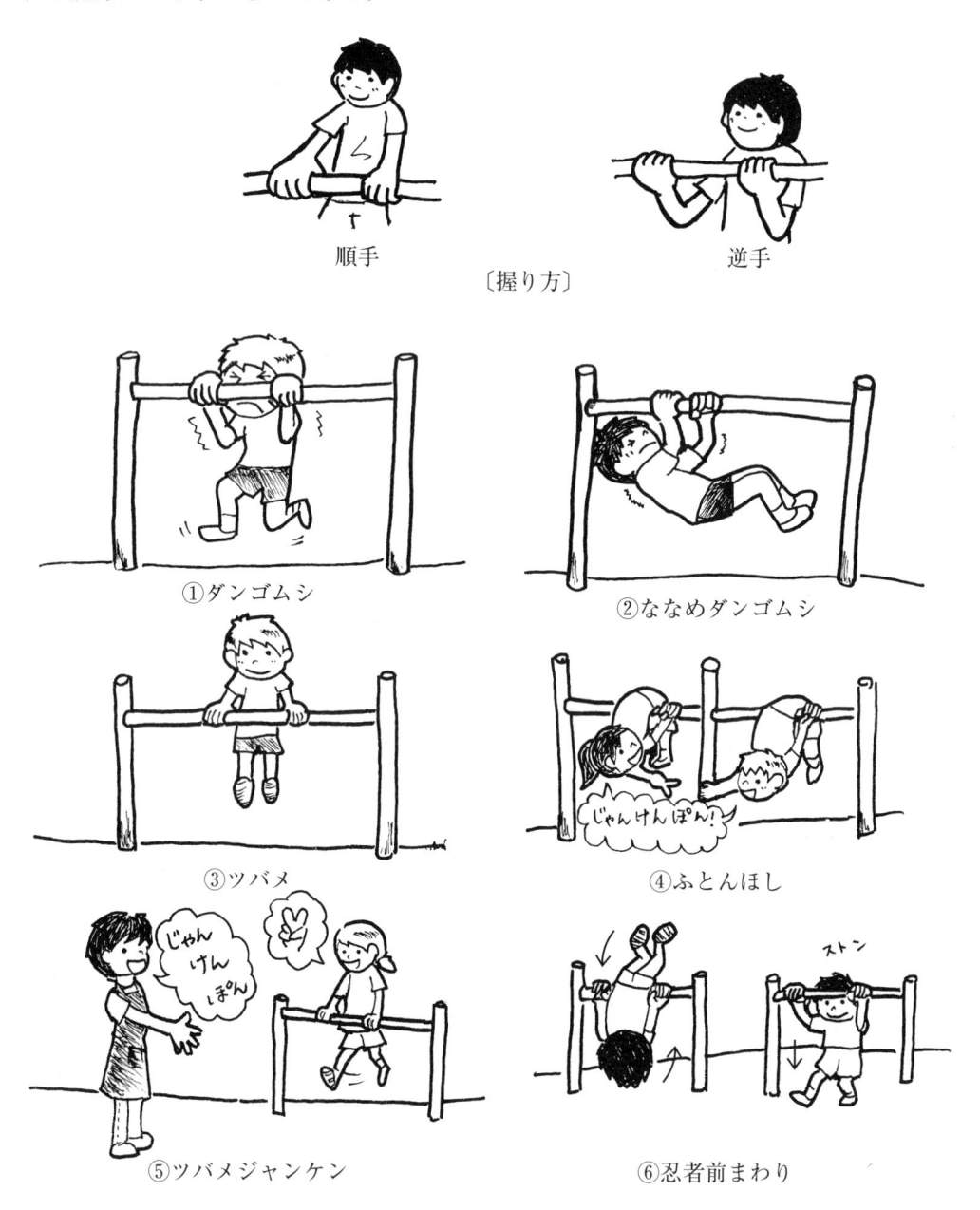

順手　　　逆手
〔握り方〕

①ダンゴムシ　　②ななめダンゴムシ

③ツバメ　　④ふとんほし

⑤ツバメジャンケン　　⑥忍者前まわり

5. 複合的な体育あそび

●サーキットあそび●

　これまでに取り上げてきた「用具を使った体育あそび」や「移動遊具を使った体育あそび」等を複数組み合わせることによって，さまざまな身体能力（運動能力・体力）を刺激・発達させる一連の体育あそびを展開することが可能である。それをこの単元では「複合的な体育あそび」として扱い，その具体的なあそびの例として，「サーキットあそび」を取り上げる。

　サーキットあそびとは，サーキットトレーニングという言葉とその内容からも連想できるように，いくつかのあそび（サーキットトレーニングのそれはトレーニング種目）を周回するコースに連続して設定し，それらのあそびを順番に行っていき，最初のスタート地点に戻ってくるようなあそびである。

　サーキットあそびで設定するあそびは，ボールやなわ等のおなじみの用具や，マットやとび箱といった移動遊具のほか，園庭に設置されている鉄棒やうんてい等の固定遊具であったり，既存の用具・遊具にとらわれずに，さまざまな日用品で作成した遊具を利用したりと，さまざまな運動能力や体力的要素を刺激・発達させる多種多様のあそびが対象となる。もちろん，子どもたちにとって楽しみながら取り組めることも設定するあそびの条件となる。

　園で準備できる用具や遊具の内容や設定する場所（園庭・遊戯室など）にもよるが，できるだけ同様の運動能力や体力的要素を刺激・発達するような用具・遊具に偏らないように，1周に5つから6つ程度のあそびを設定する。しかし，子どもの人数も多くて，広い場所が確保できる場合はその限りではない。

　実際の実施にあたっては，友だち同士競争する必要がないので，子ども自身のペースで行うことができる。また，設定してあるあそびを完璧に行う必要もないので，できない子どもができる子どものまねをして，徐々にできるようになれば，子どもにも達成感が芽生え，新たな挑戦意欲がわくようになる。さらに続けていくと，積極性が芽生えてくるようになり，体育あそびの本来の目的に沿うようなものとなってくる。そのためには，短期の設定ではなく，年間を通しての長期の計画・設定が望ましい。

1）園庭（屋外）でのサーキットあそび

　園庭でのサーキットあそびは，園庭に設置された鉄棒などの固定遊具や，園によっては地面に埋めた古タイヤのような遊具などがあれば，そういった遊具も利用可能である。室

内では設置することのできない固定遊具をできるかぎり利用して，広いスペースで子どもたちにダイナミックなあそびを経験させてあげたい。
(①鉄棒：逆あがり→②うんてい：ぶらさがり渡り→③ボール：的あて→④短なわとび：走りとび→⑤古タイヤ：馬とび)

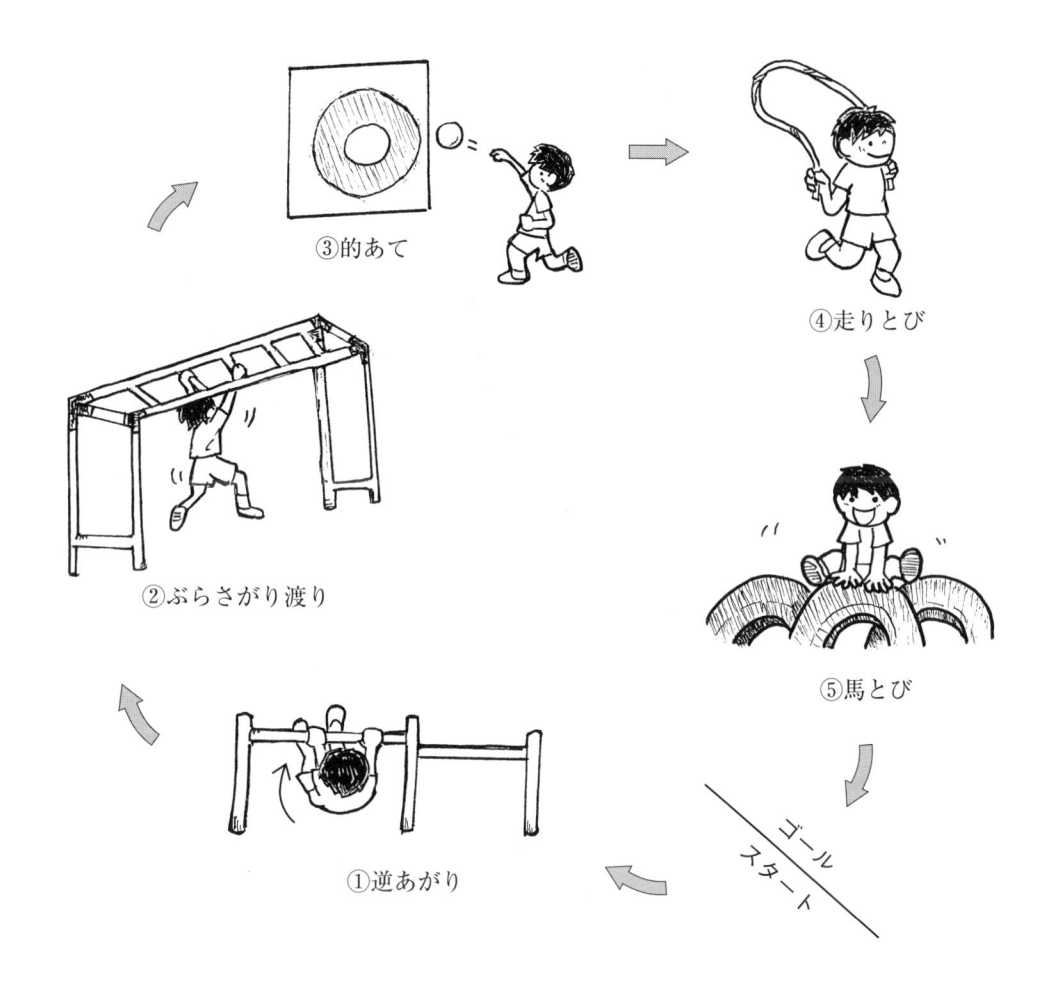

上記のサーキットあそびでは，以下のとおりの運動能力や体力的要素の刺激・発達が期待される。
①逆あがり：上半身の筋力，巧緻性，逆さ感覚
②ぶらさがり渡り：肩の（持久的）筋力，巧緻性
③的あて：巧緻性，協応性
④走りとび：協応性，走力
⑤馬とび：ジャンプ力（瞬発力），巧緻性，協応性

2) 遊戯室（室内）でのサーキットあそび

　室内でのサーキットあそびは，遊戯室や体育館のような場所で，安全マットなどを利用し十分に安全を確保したうえで，ミニトランポリンやとび箱といった室内に常備してあるようなアクティブな移動遊具を設定することが可能である。
(①平均台：渡る→②ボール：つく→③マット：前転（後転）→④とび箱：腕立て開脚とび→⑤フープ：ケンパ（ジャンプ））

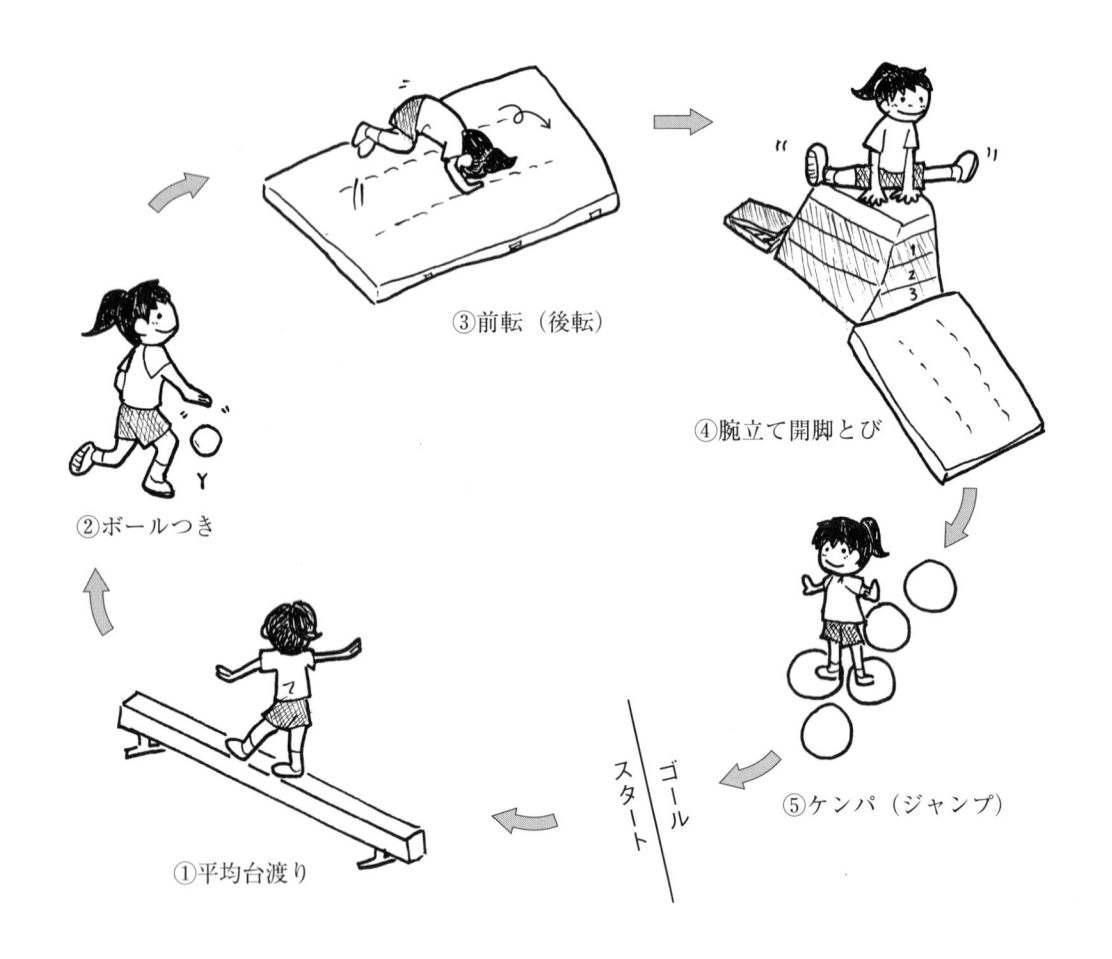

③前転（後転）

④腕立て開脚とび

②ボールつき

⑤ケンパ（ジャンプ）

①平均台渡り

スタート／ゴール

　上記のサーキットあそびでは，以下のとおりの運動能力や体力的要素の刺激・発達が期待される。
①平均台渡り：平衡性
②ボールつき：巧緻性，協応性
③前転（後転）：巧緻性，逆さ感覚
④腕立て開脚とび：協応性，巧緻性，ジャンプ力
⑤ケンパ（ジャンプ）：ジャンプ力，巧緻性，協応性

3） 能力重点型のサーキットあそび

　ここに紹介した2つのサーキットあそびの例は，さまざまな運動能力や体力要素を刺激・発達させるような体育あそびをいくつか周回上に設定したものであった。しかしながら，子どもたちにある運動能力・体力要素に重点をおいて遊びこませたい等といった，指導計画上のねらいが設定された場合のあそび方も考えられる。たとえば，大小のボールを用意してボールを使ったさまざまなあそびに親しんだり，とび箱とフープなどを組み合わせてジャンプ系のあそびをいくつか設定したりする等が可能となる。当然のことながら，さまざまな能力重点型のサーキットあそびを設定して，ある身体能力に偏らないよう配慮することはいうまでもない。

　ここでは，ボールを利用したさまざまなあそびを設定した能力重点型のサーキットあそびの例を紹介する。
（ボールあそび，①ドッジボール：ボウリング→②サッカーボール：シュート→③テニスボール：的あて→④バッティングティーボール・バット：ティーバッティング→⑤ラグビーボール：2人でパス）

● **調整力向上のあそび（なわあそび・なわとび）** ●

　なわとびは，回ってきたなわを跳び越すタイミングが大事で，脚力だけではなく，バランス力やリズム感も必要である。なわ跳びが子どもにとって難しいのは，ジャンプと，なわまわしである2つの動作をタイミングよく同時に行わなければいけないからである。このような運動の構造が少し複雑な動きは，分割して練習すると早くコツがつかめる。ジャンプの練習，上手になわを跳び越す練習，なわをまわす練習を分けて行ってみよう。

　なわとびのポイントは腕のまわしである。初めは上手になわをまわすことができないが，繰り返し練習をすると，次第にスムーズになわをまわせるようになる。あとは，それらの運動を組み合わせる練習である。

【なわの長さ】

　なわの長さは，両足でなわを踏んでなわがたるまないようにした状態で，ひじが90度くらいになる程度がよいといわれているが，幼児の場合は，もう少し長めがよい。なわが長すぎると上手にまわせないため，様子を観察し，大人が調整してあげよう。上手になわがまわせるようになってきたら，短くしていく。

①**なわまわし**

　片手になわの両端を持って，グルグル片手でまわす。右手，左手と交互に行う。慣れてきたら，大きくまわしたり小さくまわしたり，早くまわしたり遅くまわしたり，上のほうでまわしたり下のほうでまわしたり，走りながらまわしたりと，いろいろなまわし方を練習する。すべて片手で行う。グリップが大きい場合は，グリップをとってなわだけをまわしてもよい。上手にまわせるようになってきたら，今度は同じようになわの両端を片手で持って，ジャンプしながらまわす。タイミングに合わせて，なわをまわす練習である。はじめは大きくなわをまわしながら，それにできるだけ合わせてジャンプするようにする。何回も繰り返し練習する。

②**前とび**

　実際に両手になわを持って跳ぶ。はじめはゆっくりなわをまわして，まわってきたなわを跳び越す。ゆっくりでよいので，運動を一つ一つ確認しながら行う。慣れてきたら，徐々にスピードを上げていく。最初は大きくなわをまわすので，なわがまわってきてとび越すときに，手が下方に下がらないと，なわが引っかかって跳べない。なわを大きくまわしてもよいので，必ず上に上がった手を下げるという指示を出してもらいたい。何度も繰り返し行っているうちに運動の統合が起こり，上手になわを跳び越せるようになる。なわとびの上達は，個人差がある。運動の構造がやや難しいため，反復練習が必要である。

③**大波・小波**

　大波・小波で左右にゆれるなわを跳び越す。「ぐるっとまわってネコの目」での「ぐ

るっとまわって」のときは，大きくなわが一回転し，「ネコの目」で最後，なわをはさんで終わる。小さい子どもにはゆっくり行う。左右にゆれるなわをジャンプして跳び越すだけでもよい。少しずつ慣れてきたら，回転したなわを跳び越せるように挑戦させる。

④お嬢さん！お入りなさい！（簡単バージョン）

　なわをまわすのではなく，左右に揺らす。指導者が「お嬢さん！お入りなさい！」で，子どもはなわに入って跳ぶ。まず，なわを跳ぶことを練習する。歌いながら跳ぶだけでもよい。できるようになったら，跳びながらジャンケンをして，負けたら出る。上手になってきたら，回転しているなわで行ってみる。

⑤ゴムとびあそび

　2～3メートルくらいのゴムを用意する。両端を結び，輪にする。2人の指導者は，足首にゴムをかけ，少し距離をとる。子どもはゴムを跳んだり，踏んだりして遊ぶ。片方はどこかに引っかけてもよい。ひざ下くらいにゴムを引っかけて，跳んだりくぐったりを繰り返して遊ぶ。慣れて上手にできるようになってきたら，「跳んで，くぐる」を3回連続で行う。できるだけ，すばやく動こう。

なわの長さ　　①なわまわし　　②前とび

③大波・小波　　④お嬢さん！お入りなさい！　　⑤ゴムとびあそび

6. 体育あそびの指導・環境設営の事例

　体育あそびの指導場面において，子どもたちの安全を確保することは，最も重要な課題のひとつであることはいうまでもない。細心の注意を払ったつもりでも，事故を完全に防ぐことはできないが，事前に危険箇所を排除したり，予見したりすることは大いに必要なことである。また，せっかく苦心してあそびの計画を立案し，遊具などを作成して，いざ子どもたちと遊ぼうとしたら，子どもたちが興味を示さなかったという環境設営であっては，ねらいの達成以前の問題となってしまう。

　そこで，この単元では，あそび場所や遊具などに関する事前の点検事項と，体育あそびの指導やその環境設営に必要な留意すべきことについて，実際のあそびの事例をあげて説明していく。

（1） 事前の点検

1） あそび場所

　体育あそびを展開する場所，すなわち運動場や遊戯室など，使用する前に入念な点検が必要である。

　土の運動場や園庭においては，まず，小石やガラス等の危険なものが地面に落ちていないかを点検する。細長い円筒形の形をした小枝も，転がりやすいので取り除いておいたほうが安心である。埋まっている石につまずくということも起こりうるので，掘り返しておくことが寛容である。また，石を掘り起こしたり，子どもたちが掘ったりして残った穴も見逃してはいけない。運動場の土が粘土質であると，降雨後は滑りやすくなることがあるので，注意が必要である。

　床が板張りの遊戯室は，ニスが塗布されているケースが多く，ささくれやとげができにくいが，点検を怠らないようにしたい。小石のような危険なものが落ちていることは考えにくいが，子どもたちが異物などを持ちこむことも考えられることから，普段使用しないときは入り口の施錠をしておくようにする。

2） 用具・遊具

　用具や遊具などの事前の点検は，年度当初はもちろんのこと，普段から定期的に行わなければならない。

　固定遊具は，金属製のものが多く，鉄製の遊具はまず腐食した箇所がないかを点検する。塗装を施してあるものは，それがはがれたりまくれたりすると，その部分でけがの原因につながる恐れがある。ねじ・くぎ等を使用して固定されている遊具は，そのゆるみや抜け落ち等の点検も怠らないようにする。また，ロープを使用した遊具も，ロープ自体のほこ

ろびやつなぎ目にも不具合がないかを点検する。

　とび箱や平均台などの移動遊具は，木製のものが多く，その部分のささくれやとげに注意する。ねじやくぎのゆるみや抜け落ち等にも配慮が必要である。とび箱は布の部分のほころびや，上下の枠の重なりを固定する部分（写真1）のゆるみ等も点検が必要である。トランポリンはねじを多用しているので，ゆるみや抜け落ちなどの点検が必要である。

　ボールやフープ等の小型用具の点検については見落としがちであるが，以下のようなことに注意したい。
- ドッジボールは，適度な空気圧であるか。
- フープはつなぎ目の部分にくぎを使用している製品もあるので，くぎがゆるんでいたりつなぎ目が抜けやすくなったりしてはいないか（写真2）。
- 短なわとび用のなわがグリップから抜けやすくなってはいないか…等である。

（2）　用具や遊具の配置時の注意

　事故・負傷がどのような固定遊具や体育施設で起きるかについて，日本スポーツ振興センターは，ブランコ，すべり台に次いで鉄棒やうんていでの事故・負傷が多いという報告をしている。すなわち，高所からの落下・墜落が原因で事故・負傷が起きている実態が明らかとなっている。鉄棒・うんていはもちろんのこと，とび箱や平均台，トランポリンといった，子どもたちが高所に登ったり降りたりするような遊具を配置する際は（写真3）のように，安全マットを敷いて事故・負傷の防止につとめることが大切である。マットは，両側についている取っ手（写真4）に足を引っかける可能性があるので，マットの下に折りたたんでおくとよい。

　ボールを用いて的あてあそびやサッカーのシュートあそびをする際には，子どもが通れないように，壁の前方に的やゴールを配置する等して，後方の環境に配慮をしたい。

写真1

写真2

写真3

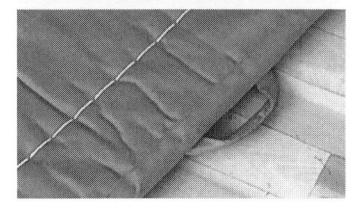

写真4

（3） 実際の指導時の配慮

1） 大ブタ・中ブタ・小ブタ（しかく・さんかく・まる）

　このあそびは，遊戯室などの室内で行う際は「大ブタ・中ブタ・小ブタ」として，運動場や園庭などの屋外で行う際は「しかく・さんかく・まる」として展開できる鬼あそびである。（「お引っ越し」というあそびとほぼ同様のあそび方である。）

【用意する用具】
- 室内……マット（3色）
- 屋外……ラインカー（1）

【環境設定（遊具の配置）】
- 室内……3色3枚のマットを8〜10mの間隔をあけて敷いておく（写真5）。

写真5

- 屋外……ラインカーで四角・三角・丸を8〜10mの間隔をあけて描く。

【あそび方】
　3色のマットを，それぞれどの色が大ブタ・中ブタ・小ブタの家かを決めておく。子どものなかからおに（オオカミ）役を3人決める。おに以外の子どもたちは好きな色のマット（形）の上に待機させる。おに（オオカミ）役の子どもたちは，指導者といっしょになってどの家（どの形）にするかを相談し，「せいの！」で決めた家（形）を大声で言う。例えば，「大ブタ！」（「四角！」）と言ったときは，大ブタの家（四角）にいる子どもがその他の中ブタ（三角）または小ブタの家（丸）に逃げる。おに（オオカミ）役の子どもたちは，逃げようとしている子どもたちを別の家（形）のところに逃げ込む前につかまえにいく。つかまってしまった子どもは，次のおに（オオカミ）役となる。

【事前の注意事項】
- 室内……遊戯室に子どもたちを入室させる前にマットを敷いておき，子どもたちのあそびへの好奇心や期待感をふくらませる。マットの取っ手は，子どもたちが引っかけるので折りたたんでおく。また，事前にマットの端につまずかないように気をつけることを子どもに伝える。
- 屋外……使用する運動場に危険物などが落ちていないかを点検する。室内と同様，子どもたちが運動場に出てくる前に四角・三角・丸を描いておく。四角・三角・丸の大きさは，子どもの人数にあわせて適度の大きさに描く。

【指導時の注意事項】
　おに（オオカミ）役の子どもたちだけで相談させてもよいが，できるだけ指導者も相談に加わり，待機している子どもたちに「今からつかまえにいくぞ！」といった雰囲気を作り出す。指導者もいっしょになって，逃げようとする子どもたちを追いかける。

2) いろいろなリレーあそび

ボールやフープ，短なわ等のいろいろな用具を利用したリレーあそびである。ボールは運び方，フープはその利用の仕方，短なわは1人で跳ぶか2人で跳ぶか等，さまざまな工夫が可能である。

【用意する用具】

ボール（ドッジボール），フープ（大または中），短なわ，折り返し用のポストコーンを各チーム数分

【環境設定（遊具の配置）】

折り返し用のポストコーンをスタートライン前方6～8mに置く。スタートラインをラインカーで描く（室内で行う際は，ラインテープを利用する）。

【あそび方】

- ボール運び＝ひざにはさんでジャンプしながら運ぶ（写真6）。2人組になって背中ではさんで運ぶ。あお向けに四つばいになってお腹の上にのせて運ぶ。ボールつきや蹴りながらのドリブル。
- フープ＝転がす。フープでボールを引きながら移動する（写真7）。
- 短なわとび＝1人で跳びながら走る。

それぞれの用具をどのように使用するかを子どもたちに案を出させる。

【事前の注意事項】

運動場や園庭など，屋外で行う際は，危険物を取り除いておく。準備する用具とそのあそび方は，子どもたちがこれまでに経験したものを採用してもよいが，反対にあまり行われていないものを選択することも意義がある。その場合は，リレーを行う前に練習させておくとよい。

【指導時の注意事項】

いろいろな用具やそのあそび方を子どもたちに考えさせ，指導者もいっしょにアイディアを出しながら，思考力や創造力などを刺激していく。また，子どもたちにあそびを担当する子どもやリレーの順番を変えさせて，自分のチームが勝つような工夫をさせる。もちろん，負傷防止のための注意の喚起は忘れないようにする。

3） 探検サーキットあそび

　岩山をとび箱に見立てて上ったり飛び下りたり，谷川の丸太橋を平均台に見立てる等，岩山や谷を探検するといった物語を想定して，用具・遊具を配置して探検サーキットあそびを行う。

【用意する用具】
　とび箱，ロイター板，安全マット，平均台，トンネル，うんてい，はしご（巧技台）など

【環境設定（遊具の配置）】
　岩山や谷川にある自然がつくる障害物を，用具や遊具などを組み合わせて，見立ててつくり，5～6つのあそびを設定する。怪物が襲ってくるところを，爆弾（ボール）で攻撃（的あて）するといった設定もおもしろい。

【あそび方】
　2，3人組になって，探検隊を組む。とび箱は岩山に見立てて，跳び乗って飛び下りる。平均台は丸太橋に見立てて，落ちないように渡る。トンネルでは，洞くつくぐり。うんていは，つなわたり。はしごはジャングルジムにかけて，階段上に登っていく。ジャングルジムの頂上に登って，探検終了。

【事前の注意事項】
　事前に探検物語を準備し，読み聞かせをしてからあそびに挑戦させる。読み聞かせをしながら，子どもたちにあそびの設定を考えさせてもよい。高所に上り下りする遊具には，マットを敷いたり，砂などが付着してすべりやすくなる遊具には，あらかじめすべり止めを施して，安全面に配慮する。

【指導時の注意事項】
　指導者自身がはじめに模範を見せて，危険な箇所がないかを確かめるとよい。子どもたちには競争ではないことを伝えるとともに，危険なあそび方をしないことや慌てないよう注意する。自信のなさそうな子どもには，付き添いながらあそびをこなしていき，見ている子どもたちには励ましの声援をかけさせる。繰り返し行っていくなかで，次第に自信もつき，達成感を味あわせることにつながっていく。

第6章　障がいのある子どもの体育あそび

1. 障がいのある子どもの理解と支援

（1）障がいの新たなとらえ方

1）障がいのある子ども

「障害」は，そもそも「障碍」と表記されていたが，「碍」が常用漢字の範囲外となり，「害」の字が当てられるようになった。「碍」は，行く手を遮るように見える石を表し，「害する」「害（そこな）う」という意味ではない。法律用語としては「身体障害者」「知的障害児」などが使われているが，本稿では，字義の異なる「害」を避けて，「障がい」を採用することとする。

また，欧米で「disabled child」から「child with disability」と言い換えられたように，日本でも，人の前に障がいの冠をつける「障がい児」から，障がいはその人の一部にすぎないという意をこめて「障がいのある子ども」と表記することが増えてきた。もちろん，言葉だけではなく，本質的な問題の解決が重要であることはいうまでもない。

2）障がいは「環境」との相互作用

世界保健機関（WHO）が1981年に採択した国際障害分類（ICIDH）では，「障がい」を①機能障がい（Impairment），②能力障がい（Disability），③社会的不利（Handicap）の3つのレベルでとらえた。身体のどこかに「機能障がい」が生じたために，何かができなくなるという「能力障がい」が起こり，その結果，「社会的不利」な状態に陥るという，個人内の直線的な因果関係で規定している。

その後，2001年に採択した国際生活機能分類（ICF）では，障がいのとらえ方が大きく変わり，障がいを「環境」との相互作用としてとらえ直したところに大きな特徴をもつ（図6-1）。矢印も双方向で示され，周囲の「環境」を変化させることで「活動（activity）」制限や「参加（Participation）」制約が改善されていく可能性に焦点をあてている。「障がい」は，個人の問題ではなく，社会全体の課題であることが世界の人々の共通認識となったのである。

北欧から発信された「ノーマライゼーション」の理念は，「障がいのある人をノーマルにするのではなく，障がいのある人の日常の生活条件を，できるかぎり社会の普通の環境や生活条件と同じようにする」という意味である。世界的に極めて重要とされるこの「ノ

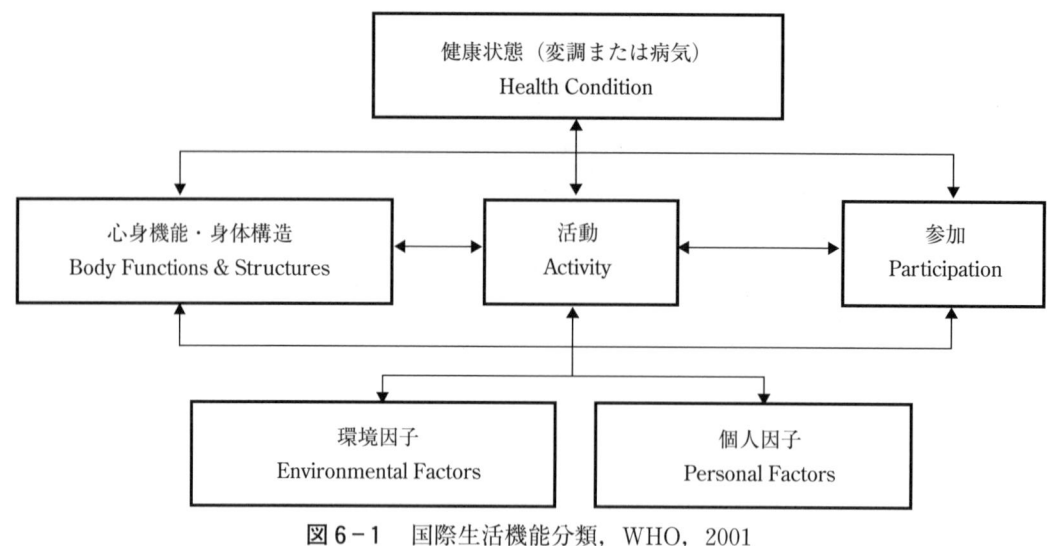

図6-1　国際生活機能分類，WHO，2001
〔ICF（International Classification of Functioning, Disabilities and Health）〕

ーマライゼーション」の理念は，ICFと同様に環境を重視する立場にたつものといえよう。

3）環境との相互作用に目を向けた支援のあり方

　障がいのある子どもへの支援を考えるときは，障がいそのものにとらわれすぎることなく，その周囲の環境にも広く目を向けて考えていくことが大切である。集団のなかで体育あそびをしているときの子どもたちの活動の様子は，周囲のさまざまな環境により大きく変わってくる。例えば，課題の内容，支援者のパーソナリティや信頼関係の有無，言葉かけや身体を使って行う補助などの支援方法，仲間との関係性，集団全体のグループダイナミックス，用具の材質・形・大きさ・色，体育館内の明るさ・音・気温・湿度，その日の学校や家庭の状況など，さまざまな環境が子どもたちの活動に影響を与えているのである。

　障がいのある子どもの体育あそびを行うにあたり，障がいへの理解を深めるとともに，活動や参加に制限が生じたときに，彼らを取り巻く環境との相互作用に目を向けて，それを軽減するよう環境を整えていくことが必要となる。子どもたちの認知特性に配慮した環境設定や情報の伝達方法を工夫していき，子どもの様子を見ながら柔軟にかかわり方や支援方法を変えていくことが大切である。

　障がいの種類や程度は，法律上では，法律の目的によって学校教育法施行令の就学基準や身体障害者福祉法の別表などに規定されている。しかし，同じ種類の障がいや程度でも，一人ひとり違うといっても過言ではない。具体的な支援方法のヒントを以下に示すが，実際に子どもと接するなかで，一人ひとりの子どものニーズを的確に把握し，特別な支援の方法を個別に見いだしていく努力を忘れてはならない。

（2） 視覚障がい

1） 視覚障がいの理解

　視覚障がいとは，視力や視野などの視機能が十分でないために，まったく見えなかったり，見えにくかったりする状態をいう。就学基準では，「両眼の視力がおおむね0.3未満または視力以外の視機能障害が高度で，拡大鏡を使用しても通常の文字・図形を認識することが不可能または著しく困難な程度のもの」を「視覚障害者」と規定している。

　視覚障がいの原因は，先天性素因によるものが最も多く，中毒，外傷，伝染性疾患によるもの等がある。

　周囲の人の動きや自分自身の動きを見ることが難しいため，視覚を使っての模倣動作に制限を受け，運動発達に遅れをもつ傾向がある。視覚的情報が欠如しているため，「歩く」「走る」等の移動を伴う身体運動に制限を受ける。「投げる」動作などの動きを学習することが難しい。また，言葉が具体的に何を指しているのかを，見て把握することが難しいため，言葉としては知っていても，意味を正確に理解しにくい場合がある。

2） 視覚障がいのある子どもへの支援

①安全な環境づくりに十分配慮する。
　　空間認知が難しく，不意にぶつかったりつまずいたりすると，防御体勢がとれていないために，思わぬ大けがにつながることがある。
②周囲の変化による不安が起きないように配慮する。
　　物の配置を一定にし，変化があったときは，前もって伝えるようにする。
③聴覚や触覚をフルに活用する。
　　音楽に合わせて身体を動かすリズム運動，音による合図，鈴入りのボール，凹凸・大きさ・材質など，感触を楽しめる用具などの工夫をする。
④視覚的模倣の制限を補うように工夫する。
　　お手本のとおりにまねる等の目と手の協応動作を必要とすることが難しいので，直接体験ができる機会を多く作る。
⑤視覚的情報の制限を，言葉での説明でていねいに補う。
　　抽象的な概念や色など，どうしても理解の難しい言葉が生じるので，発達に合わせてわかりやすく説明する。
⑥指示代名詞（こそあどことば：「このなわとび」「あそこのマット」等）は使わない。
⑦弱視の子どもは，見えるとはいえ，配慮は必要である。
　　拡大文字，弱視用テレビの活用，明暗のコントラストのある表示，照明の工夫など。
⑧歩行に向けて，トランポリン等のバランス運動の機会をつくるとよい。

（3） 聴覚障がい

1） 聴覚障がいの理解

　聴覚障がいとは，身のまわりの音や，話し言葉が聞こえにくかったり，ほとんど聞こえなかったりする状態をいう。就学基準では，「両耳の聴力レベルが，おおむね60デシベル以上で，補聴器を使用しても通常の話声を理解することが不可能，または著しく困難な程度のもの」を「聴覚障害者」と規定している。

　障がいの部位によって，音を伝達する機構に障がいのある「伝音性難聴」，音を神経の信号に変換する機能に障がいのある「感音性難聴」，その両方の「混合性難聴」がある。

　耳から入る情報に制限があるため，言語発達の遅れを中心とした問題が多くみられる。発音も子音が省略されて母音だけが残る等，不明瞭となることが多い。特別支援学校（旧聾(ろう)学校）では，幼稚部から小学部においては，補聴器を活用して，話し言葉の習得を促したり，言語力を高めたりする指導が行われる。中学部や高等部では，指文字や手話なども用いられる。

2） 聴覚障がいのある子どもへの支援

①視覚情報を活用する。
　　旗による合図，ランプの点滅，文字・絵カードの利用，VTRの利用，鏡，移動黒板など，目で見て理解できるような環境設定を行う。
②残聴能力を最大に生かすための工夫をする。
　　いつも口もとがよく見えるような位置で話し，ジェスチャーを入れて，大きくはっきりとした声で，ゆっくりていねいに話す。
③子どもからの話は，よく聞いているという表情や態度を示しながら，熱心に聞く。
④途中で言い直させたり，注意したりしないようにする。
⑤言葉の獲得の機会をたくさんつくるよう工夫する。
　　自然に言葉が学習できるように，あそびの要素を豊かに入れる。
⑥トータルコミュニケーションを図る。
　　口話法，手話，読字，書字，他の視覚的手段も含め，さまざまなコミュニケーション手段を用いて，楽しくコミュニケーションをとる。
⑦周囲の子どもたちの行動を見て理解できる位置にする。
　　一番前の位置は，不安になる子どももいるので避け，2番目か3番目の位置にする。

（4） 肢体不自由

1） 肢体不自由の理解

　肢体不自由とは，身体の動きに関する器官が病気やけが等で損なわれ，歩行や筆記などの日常生活動作が困難な状況をいう。手足（四肢：上肢と下肢）や体幹（四肢以外のからだの部分）の運動機能が不自由な状態である。就学基準では，「①肢体不自由の状態が補装具の使用によっても歩行，筆記等日常生活における基本的な動作が不可能または困難な程度のもの，②肢体不自由の程度が前号に掲げる程度に達しないもののうち，常時の医学的観察指導を必要とする程度のもの」を「肢体不自由」と規定している。

　肢体不自由の原因疾患は，脳性まひ・ポリオ（脊髄性小児まひ）・筋ジストロフィー等神経・筋疾患群，先天性股関節脱臼・骨形成不全症・脊柱側わん等の骨・関節疾患群，外傷性疾患などがある。ポリオがワクチンの普及により激減すると，その後は出産時損傷などによる脳性まひが中心となった。乳幼児健康診査が普及して早期発見・早期療育が可能になってからは，先天性股関節脱臼も非常に少なくなり，脳性まひもいったんは減った。しかし，医療の進歩により，最近では生命は助かったが，重度の障がいが残るという，中枢性疾患や代謝性疾患などによるものが増え，障がいの重度・重複化が進んでいる。

2） 肢体不自由のある子どもへの支援

①危険箇所や移動の難しいところを点検し，安全な環境づくりに十分配慮する。
②体温調節がうまくいかない子どもには，温度設定への配慮が必要である。
③段差があって移動しにくい場合には，スロープのような段差を解消する手立てを工夫する。
④健康状態の維持や改善を支援する。
⑤必要に応じて，主治医や療育スタッフから意見を聞く。
　　身体の諸機能，機能訓練や言語訓練などを確認し，専門機関との連携を検討する。
⑥発達レベルや個人内の差異を把握して，発達の強い面をうまく活用した支援を考える。
　　障がいのある子どもの発達にはばらつきが大きいが，発達の強い面と弱い面をつかみ，強い面をうまく活用しながら，支援を考えていくことが大切である。
⑦日常生活に必要な基本動作の習得を支援する。
　　姿勢保持や上肢・下肢の運動・動作の改善や習得に向けた支援を工夫する。
⑧日常生活動作（ADL）の確立に向けた支援を行う。
　　衣服の着脱，食事，排泄などの身辺処理に関する基本動作，書字や描画などの学習に必要な動作などを，障がいのある子ども自身が自分でできる力を育てる。
⑨身体移動や歩行，車いすでの移動などの移動能力の向上を支援する。
⑩本人や保護者の要望や希望を大切にして，適宜，課題に組みこんでいく。

（5） 知的障がい

1） 知的障がいの理解

　知的障がいとは，記憶，推理，判断などの知的機能の発達に有意な遅れがみられ，社会生活への適応が難しい状態をいう。就学基準では，「①知的発達の遅滞があり，他人との意思疎通が困難で日常生活を営むのに頻繁に援助を必要とする程度のもの，②知的発達の遅滞の程度が前号に掲げる程度に達しないもののうち，社会生活への適応が著しく困難なもの」を「知的障害」と規定している。

　知的障がいがあるため，課題を完全に理解することが難しい，運動の順序を正しく行うことが難しい，長時間集中することが難しい，注意力が不足している等の困難がある。

2） 知的障がいのある子どもへの支援

　ウィニックは，知的な障がいのある子どものためのムーブメント活動の指導上のヒントとして，以下の点をあげている。

①成功体験が得られるように課題をアレンジする。
②常に前進，発展するように指導する。
③構造化した日常に近い環境のなかで指導する。
④自己制御できるように指導する。
⑤正の強化子を用いる。
⑥繰り返し，再現化をすることで，自分の動きを確認する。
⑦子どもの好きな活動を報酬として得られるように動機づける。
⑧個人個人の注意を引き出す。　　⑨穏やかな雰囲気を心がける。
⑩大切な刺激を強調し，注意散漫を引き起こすような刺激を排除する。
⑪多様な感覚モダリティ（様式）を使用できるように留意する。
⑫グループ編成のときに偏りが生じないようにする。
⑬それぞれの子どもにとって活動の基盤となる「ホームベース」を用意する。
⑭子ども自身が動きを実演できるように演出する。
⑮安全を確実にするための配慮をする。
⑯課題への準備とその内容を事前に知らせる。
⑰大人や教師の役割を子どもに演じさせる機会を与える。
⑱指導が一方的にならず，子どもが中心になるようにする。

　結果を急がないこと，できるだけ具体的に教示を行うことはとくに重要で，その際，言葉だけの教示では限界があること，子どもに新しい複雑な活動を実行させる際には特別な留意が必要になること，模倣することを活動に組み入れることが重要である。

（6） 自閉症

1） 自閉症の理解

　1943年に，米国で初めて自閉症が報告されて以来，自閉症の概念をめぐりさまざまな論争が続けられてきた。歴史的に親の愛情不足などの心因論が支持された時代もあったが，現在では心因論は否定され，脳の器質・機能的な問題が，その中心と考えられている。

　DSM-Ⅳ（米国精神医学会の診断基準）では，自閉性障がいは広汎性発達障がい（PDD）に位置づけられ，①対人的相互反応における質的な障がい，②意思伝達（コミュニケーション）の質的な障害，③行動，興味，活動が限定され，反復的で常同的な様式での行動，の3つの特徴があげられている。視線が合わない，オウム返しをする，言葉の使用に困難がある，身ぶり等の非言語能力の活用が難しい，他の子どもと遊ぶことに興味を示さない，人の気持ちに合わせて行動することが難しい等の特徴がある一方，視覚的認知に強く，けた外れな記憶力をもつなど，とびぬけた才能のもち主も少なくない。

　特定の音や場面に刺激を受けたとき，予定の変更や好きなことを中断させられたとき等，こだわり，自傷行為，パニックに出合ってとまどう子も多い。彼らは異なる文化をもつ子どもたちと理解することもでき，異文化交流を行うときと同じく，コミュニケーション手段を模索しながら，互いの文化を理解し合えるように努力していくことが大切となる。

2） 自閉症の子どもへの支援

①用具を置く場所を決め周囲を整頓し，目印をつける等，わかりやすい環境設定とする。

②スケジュールを黒板や模造紙に書く，あらかじめその日の予定を伝える，終わりの時間を教える等，見通しがもてるように配慮する。

③文字・絵・写真などの視覚的手がかりを用いる。

④必要に応じて，言語と視覚的な手がかりなど複数の情報を併用する。

⑤いつも決まったパターンの，短く簡便なことばを使用する。

⑥視線を合わせることが苦手な子どもには，目を見て話す，正面から近づくなどは避ける。

⑦音に敏感な子どもには，大きな音や苦手な音は避ける。

⑧声の音量にも，常に注意を払う。

⑨パニックになったときには，周囲の安全を確認しながら，落ち着くまでゆっくり待つ。体を押さえてあげることが有効な場合もある。

⑩「楽しかったね」「嫌だったね」等と，子どもの気持ちを言語化して受け取ってあげるとよい。

⑪他者へ興味を向けるようなはたらきかけを行う。周囲の子どもとの関係をとりもつ，仲間を意識できるような言葉かけを行う等，人との関係性を促す。

⑫ソーシャルスキルトレーニングの手法を用いて，社会的スキルを育てる。

（7） 軽度発達障がい

1） 軽度発達障がいの理解

文部科学省による教育的な定義を以下に示す。2002年の文部科学省の調査によれば，小・中学校の通常の学級に在籍する子どものなかで，これらの特別な支援ニーズにある子どもの割合は6.3％と推計された。

①学習障がい（LD : Learning Disabilities）

　学習障がいとは，基本的には全般的な知的発達に遅れはないが，聞く・話す・読む・書く・計算する・または，推論する能力のうち，特定のものの習得と使用に著しい困難を示すさまざまな状態を指すものである。学習障害は，その原因として，中枢神経系に何らかの機能障がいがあると推定されるが，視覚障がい・聴覚障がい・知的障がい・情緒障がいなどの障がいや，環境的な要因が直接の原因となるものではない。

②注意欠陥多動性障がい（ADHD : Attention-Deficit Hyperactivity Disorder）

　注意欠陥多動性障がいとは，年齢，あるいは，発達に不つり合いな注意力，または衝動性，多動性を特徴とする行動の障がいで，社会的な活動や学業の機能に支障をきたすものである。また，7歳以前に現れ，その状態が継続し，中枢神経系に何らかの要因による機能不全があると推定される。

③高機能自閉症（HFA : High-Functioning Autism）

　高機能自閉症とは，3歳ぐらいまでに現れ，①他人との社会関係の形成の困難さ，②言葉の発達の遅れ，③興味や関心が狭く，特定のものにこだわることを特徴とする行動の障がいのある自閉症のうち，知的発達の遅れを伴わないものをいう。また，中枢神経系に何らかの要因による機能不全があると推定される。

2） 軽度発達障がいの子どもへの支援

スモールステップで進め，成功感や達成感を得て，自信をつけることが重要である。

①学習障がいの子どもに対しては，だれもが理解しやすいユニバーサルな表記の工夫（読み書きの障がい），電卓や電子手帳などの教育機器の使用を認める（書字や計算の障がい），楽しい体育あそびの工夫（身体運動の不器用さ）などの配慮を行う。

②注意欠陥多動性障がいの子どもに対しては，がまんできなくなったときの待機場所を決める（多動性，衝動性），注意を向けるための工夫をする（注意力の欠如），すぐに忘れてしまう傾向にあるので，即時的に対応する（集中力の欠如），物や人とかかわる楽しいあそびを準備する（自己意識・他者意識の弱さ，自己コントロールの弱さ）などの配慮を行う。

③高機能自閉症については，自閉症の子どもへの支援に順ずる。

2. 体育あそびにおける発達支援

（1） 障がいのある乳幼児への発達支援

　障がいのある子どもの発達に制限があるとすれば，障がいがあることそれ自体が要因になることもあるが，障がいのある子どもの活動の場が乏しかったり，必要以上にけがを恐れるために運動が制限されたり，運動経験が極端に少ないことが要因である場合も多い。運動活動に参加することは，単に身体的な発達のみならず，社会的な発達にとっても大変重要な意味をもつことは広く知られている。障がいのある子どもたちは，身体を動かす機会を意識的に設定してあげることが重要であり，体育あそびに参加する機会を十分に保障していくことが必要となる。

（2） 体育あそびでの配慮点

1） 課題の選び方

①喜びを得られる楽しい課題

　子どもの大好きな課題，興味のある課題を見つけ，あそびの要素をたくさん取り入れながら，「楽しかった」「おもしろかった」「もっとやってみたい」というプラスの循環を作り出す。一方的に訓練を課すことからは，子どもの自発性を生み出すことは難しい。こころが開放され，喜びに満たされたとき，子どもたちは思いもよらない発達をみせてくれるものである。楽しく参加でき，活動中に笑顔がこぼれるような課題であることが何より大切である。

②成功体験が得られる課題

　成功体験により，自尊感情（セルフエスティーム）を高めることが肝要であり，「できた」という自信が次の課題への意欲へとつながっていく。得意な課題を中心に据え，難しい課題はスモールステップの繰り返しで進めていくようにする。失敗に敏感で，そのため，新しい課題になかなか取り組めない子どもの場合には，とくに配慮が必要となる。発達段階に合わせて，達成感や成功感が十分に得られる課題を準備する。

③日常生活に役立つ課題

　普段の生活の質（QOL）を向上させるため，多用な生活体験の場になるよう，課題を設定する。日常生活動作（ADL）と密接に結びつく動きや，社会生活を送るうえで必要なスキル等，子どもの身体的・情緒的・社会的発達を考慮して，日常生活に役立つ課題を優先的に取り入れていくことも必要である。生活全体を視野に入れて，日常生活の他の時間とのバランスをとりながら，課題を設定する。

④家族の思いを大切にした課題

　体育あそびの機会は，子どもへの発達支援であるとともに，日々子どものケアや療育に奔走し，多忙を極めている家族への有効な子育て支援ともなる。家族との協働作業であり，家族とていねいにコミュニケーションをとりながら，そのニーズや希望を課題として実現させていくことは大切な視点である。家族の不安や迷いを受け止め，子どもの成長発達をともに喜びながら，家庭での子育てと連携のとれた実践となるようにする。

2) 支援の方法

①プラスのフィードバック（ほめる）を多用する。

　成功体験を多く得られる課題を設定することにより，ほめられる機会を意識的につくり，自信をつけてもらう。

②本人の主体性を大切にした支援を行う。

　本人の得意な課題，好きな課題を，適宜，組み入れながら，自ら意欲的に取り組むことができるようにしていく。

③発達の強い面をうまく活用した支援を考える。

　発達レベルや個人内の差異を把握して，視覚や聴覚など，得意な部分をうまく活用する。

④必要に応じて，多様なコミュニケーション手段を用いる。

　言語コミュニケーションのみに頼るのではなく，表情や身ぶり等の非言語コミュニケーション，身体模倣・動作模倣・音声模倣を通じた意思伝達，文字・絵・写真カード等の視覚的情報の提供など，多様なコミュニケーション手段を工夫する。子どもの認知発達のアンバランスなところをよく把握して，強い面を活用していくことが大切である。

⑤子どもの様子を見ながら，かかわり方を修正する。

　コミュニケーションが困難な場合には，快・不快の表情を読み取りながら，子どもが楽しく過ごせるようにかかわり方を工夫する。子どもの顔から笑顔がこぼれているかどうかがバロメーターである。

3) 環境の設定

①安全で，心地よい環境設定を行う。

　危険箇所を点検して，あらかじめなくしておく。体温コントロールがうまくいかない子どもには，温度設定に注意する。音，光など，子どもが苦手な環境条件は排除する。

②子どもの認知特性に応じた環境設定を行う。

3. 体育あそびにおけるインクルージョン

(1) インクルージョン (inclusion) という考え方

近年，障がいをめぐる国内外の状況は大きく変化し，社会における「ノーマライゼーション」の理念の浸透とともに，「インクルージョン」という考え方が，教育界を中心として広がってきた。これまでも，障がいのある子どもと障がいのない子どもをいっしょに教育する「統合教育」が行われてきたが，必要な支援をせずに単に場だけをいっしょにしただけで，「ダンピング（投げ捨て）」ではないかという強い批判がなされている。インクルージョンとは，「すべての子どもたちを包み込んでいく」という意味で，特別なニーズをもつ子どもに対して適切な支援を行い，個別の教育支援計画を作成し，同年齢の子どもたちと同じ地域の学校の同じ学年の通常の学級で過ごすことをめざしている。

(2) 特殊教育から特別支援教育へ ～一人ひとりのニーズに応じた特別な支援～

日本における障がいのある子どもたちへの教育は，21世紀に入り，新たな流れが急速に広まった。特別な場で教育を行う従来の「特殊教育」から，一人ひとりのニーズに応じた適切な指導や必要な支援を行う「特別支援教育」へと，大きな転換がなされたのである（図6-2）。「特別支援教育」では，従来から「特殊教育」の対象となっている障がいの重たい子どもたちへの取り組みに加え，小・中学校の通常の学級に在籍する知的な障がいを伴わない学習障がいや注意欠陥多動性障がい，高機能自閉症などの子どもも，支援の対象として含めることとなった。盲・聾・養護学校は，障害種別を超えた「特別支援学校」となり，地域のセンター的役割を果たすことが期待されている。小・中学校などの特別支援学級や通級の指導の制度を，今後は通常の学級に籍を置きながら，必要に応じて「特別支援教室（仮称）」の場で特別の指導を受けられる制度に一本化することがめざされている。同時に，障がいのある子どもとその家族が安心して地域で暮らしていくことができるよう，教育，福祉，医療，労働などが連携して取り組み，乳幼児期から学校卒業後まで一貫した相談支援体制の整備が急務である。

(3) 障がいのある子どももいっしょの体育あそび

障がいのある子どももいっしょに体育あそびを行い，身体的活動をともにすることは，子どもたち同士のコミュニケーションや社会的な関係を育てる大変よいチャンスであり，インクルージョンの促進にも寄与する。すでに保育所の79％（2006年10月現在）で，「障がい児保育」が実施されており，これからますます，障がいのある子どもたちが地域の保

```
重 ←―――――――
                    ┌─────────────────────────────────────────┐
                    │ 義務教育段階の全児童生徒数  1086万人 │
                    └─────────────────────────────────────────┘

    ┌[特別支援学校]─────────────────────────────────┐
    │   視覚障害    肢体不自由                        │
    │   聴覚障害    病弱・身体虚弱      0.52(%)        │
    │   知的障害                      (約5万6千人)    │
    └─────────────────────────────────────────────────┘

    ┌[小学校・中学校]─────────────────────────────────┐
    │ ┌特別支援学級─────────────────────────────────┐ │
    │ │   視覚障害    病弱・身体虚弱                 │ │
    │ │   聴覚障害    言語障害                       │ │
    │ │   知的障害    情緒障害        0.96(%)         │ │
    │ │   肢体不自由                (約10万5千人)    │ │
    │ └──────────────────────────────────────────────┘ │
```

図6-2 特別支援教育の対象の概念図 〔文部科学省ホームページより〕

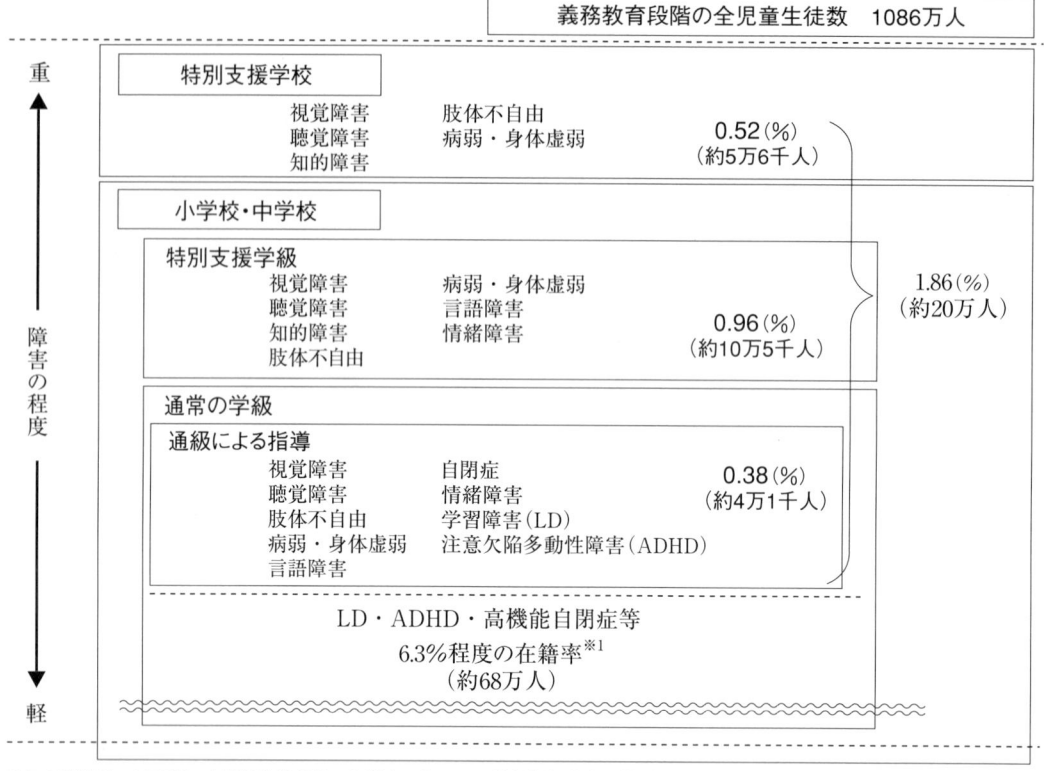

（※左側の縦軸：障害の程度 重←→軽）

特別支援学校 0.52(%) 約5万6千人
特別支援学級 0.96(%) 約10万5千人
通級による指導 0.38(%) 約4万1千人
合計 1.86(%) 約20万人

通常の学級
通級による指導
　視覚障害　　自閉症
　聴覚障害　　情緒障害
　肢体不自由　学習障害(LD)
　病弱・身体虚弱　注意欠陥多動性障害(ADHD)
　言語障害

LD・ADHD・高機能自閉症等
6.3％程度の在籍率※1
（約68万人）

※この数値は，2002年に文部科学省が行った調査において，学級担任を含む複数の教員により判断された回答に基づくものであり，医師の診断によるものでない。（※1を除く数値は2006年5月1日現在）

育所や幼稚園に入園していく時代である。すべての保育所や幼稚園の先生たちが，障がいのある子どもたちもいっしょの体育あそびをあたりまえに行えることが必要となってくる。体育あそびを通じた余暇活動や社会参加を支援する地域の取り組みがあれば，地域社会におけるインクルージョンを積極的に進めることができるだろう。

　今まで多くの場合，先にプログラムが企画され，そのなかで障がいのある子どもはできるかぎり参加したり，できないときには見学していたり，他の場所で別のプログラムを行ったりするという状況であった。しかし，インクルージョンの考え方では，すべての子どもは特別な教育的ニーズをもっているものであり，さまざまな状況の子どもたちがいることを前提として，学習計画や教育体制を最初から組み立て直していくこととなる。インクルージョンを具現化するならば，企画の段階から障がいのある子どもがいっしょに活動することを前提にして，プログラム内容を工夫し，試行錯誤の実践のなかから，スキルを高めていくことが必要となるだろう。

　障がいのある子どももいっしょに，すべての子どもたちが伸びやかに身体的活動の喜びを享受できるよう，一人ひとりのニーズに応じた適切な支援体制および支援方法を確立していくことが求められている。

4. 障がいのある子どもの体育あそびの事例

分	活動	内容・方法	達成課題	準備	配慮
00	自由あそび	・好きな遊具を使って遊ぶ	自発性	多様な遊具	・子どもの自発的活動を大切にする
10	集合 あいさつ	・自分の名前を見つけ、ロープにつかまり円形に座る ・名前を呼ばれたら、タンバリンをたたく	開始の意識 自己意識 協調性	出席カード 名札つきのロープ タンバリン	・タンバリンをたたくまで、ゆっくり待ってあげる ・一人ひとりに注目して、自己意識を高める
20	アンパンマン体操♪	・手をつないで、円になる ・音楽に合わせて体を動かす（前後左右への移動、ケンケン、ジャンプ、万歳）	集団活動 粗大運動 模倣力	テーマ音楽	・いっしょに大きく体を動かす ・手をつないで大きな円をつくるが、つなぎたくない子はいっしょに動くだけでよい
30	太鼓でポン	・太鼓でリズムを刻み、それに合わせて動く ・遅いリズム＝歩く 　速いリズム＝走る 　2回たたく＝止まる ・歩いているバリエーションとして動物のまねをする	聴覚―運動連合 タイミング 創造性	太鼓とばち	・リズムの違いを明確にする ・動と静を、わかりやすく伝える ・動物のまねは、ファンタジーをふくらませるような声かけをする
40	サーキット	・多様な運動器具を使って、大きく動く ・自分のペースで動く	粗大運動 身体操作能力 社会性	巧技台、マット、トランポリンなど	・走る、とぶ、投げる、くぐる、回転する、のぼるなど、さまざまな運動を取り入れる ・競争ではなく、自分のペースで、楽しみながら動く ・数、色などの理解を促す課題も、いっしょに取り入れる ・トランポリンや用具を順番に使用したり、友だちが終わるまで待ったり、社会のルールを伝える
50	パラバルーン	・全員でパラバルーンを持って、音楽に合わせて動く ・左右に回転、前後移動、上下に振る ・パラバルーンの上に乗る、みんなで中に入る	操作性 時間意識 集中力 空間意識	パラバルーン キーボード	・子どもたちの動きを見ながらキーボードを弾き、動きをもりあげる
60	まとめ あいさつ	・活動をふり返る ・あいさつをして、終了する	達成感		・よくできたことを、たくさんほめてあげる

第7章　親と子のふれあい運動

1. 親と子のふれあいと育ち

（1）親と子のふれあい　～その芽生え～

　親子の"ふれあい"と表現すると，肌同士が直接ふれ合うこと，つまり，スキンシップをイメージするかもしれない。確かに，スキンシップは，親子のふれあいのなかでも最も大切なものである。しかし，親子のふれあいは，スキンシップだけではない。親子の会話や親子が見つめ合うこともふれあいのひとつである。つまり，親子のふれあいとは，言語・非言語を問わず，親子の関係性のなかに存在しているものということが理解できる。
　親子のふれあいは，胎児が母親の体内に宿ったときからはじまる。胎児は，母親の胎内であたたかな羊水につかり，10か月前後を過ごす。その間，母親が話しかける声や母親の周囲の人とのかかわりを感じ，さまざまな反応をする。母親や周囲の人々からの呼びかけに応えるだけではない。母親の周囲の環境に対して，あるいは，それに対して母親がどのような認知をしているか，胎児は敏感に感じ取っている。例えば，妊娠時に母親がタバコやアルコール等の摂取があると，低体重児での出産が多くなる，もしくは何らかの障害をもって生まれてくる可能性がある（岩崎ら，1988）。また，妊娠中の母親が大きな災害や強いショックを受けるような出来事を経験し，心理的に消耗し，食欲不振に陥ると，母親のホルモン分泌に変化が起こり，ただちに胎児に伝えられる（宮本，1998）。このように胎児のころから，親子，とくに母子のふれあいがはじまっており，出産を境にその関係はより強くなっていくものと考えられる。

（2）母子のふれあいと愛着形成

　哺乳類としてのヒトは，他の動物と比べて1年ほど早く生まれる「生理的早産」であるといわれている（A. Portmann，高木訳，1985）。つまり，ヒトは出生以降，1年ほど養育者にすべてを依存し，養育者とのふれあいを通じて成長していくのである。出生以降の母子間のあたたかなふれあい関係は，「愛着」と呼ばれている。愛着とは，「ある特定の人間，もしくは動物と，他の特定の人間もしくは動物との間に形成されている情愛のきずな（affectionate tie）」（J. Bowlby，黒田訳，1976）と定義されており，親子の親密であたたかな情緒的な結びつきである（無藤，1994）。親子が，あたたかなふれあいのなかで，生

活していくことは，乳児が他者に対する信頼心を獲得するための重要な過程なのである。

　母親が，子どもにとって最初の愛着の対象となることは，胎児期からのつながりに起因しているから，あるいは，母親がミルクを与える（一次的欲求の充足）から，といった理論などがある。これまで発達心理学や発育発達学など，さまざまな角度から研究がなされてきたが，愛着形成に関する明確な解答はない。ただ，母親と子どもが，言語的・非言語的にふれあうことで，愛着は形成され，促進されていくのである。

　もっとも母親の愛着は，生まれながらに備わっているわけではない。最近でこそ薄れてきているが，以前から「子どもは母親が育てるのが当たり前」「母親は子どもがかわいいと思えて当然」といった社会規範が存在している。母親自身も出産するまでは，「こんな赤ちゃんがほしい」と思い描く空想の乳児像をもっており，自分自身に理想の母親像をイメージする。しかし，出産し，実際に子育てがはじまると，朝から晩まで手のかかる子どもにイライラしたり，子どもをかわいく思えなくなる等，それまで抱いていたイメージと現状との間に大きなギャップを感じるようになり，その結果，自分は母親に向いていないのではないかと罪悪感や自己否定感をもつようになる場合がある（大日向，2000）。

　しかし，子育てをしながら，徐々に子どもの要求を理解することができ，母親の献身的な努力に応えるかのように，子どもが成長していくことで，徐々に愛着が生まれてくるのである。とくに，「子どもによく話しかける母親の子どもは発達がよい」と報告されており，母親が精神的ゆとりをもって，効果的なふれあいをすることは，子どもの発達によい影響を与えるといわれている（原田，1993）。

（3）　親子のふれあいの促進

　母子に愛着が形成されるためには，親子のふれあいに一定の質と量が必要となる。一定の質と量とは，どの程度かといった問題はまだ明らかにされていない（繁多，1999）が，保育施設に預けられる時間が長いほど，子どもは攻撃的な性格になるとの報告や（NICHD，2001），反対に現代家庭の密室の中での子育てに児童虐待の要因が潜んでいるとの報告（渡辺，2000）もある。つまり，親子のふれあいには，適度な質と量が求められる。しかし，場合によっては，質・量ともにうまく親子のふれあいの機会がもてない場合もある。

　例えば，ハイリスク児の場合，保育器やNICU（新生児集中治療室）にて治療するため，早期から母子分離を求められる。その後，再び親のもとへ新生児が戻ったときに，母親が自分の子どもとは思えないことがある。出産直後に母子分離をしなければならない状態であったために，愛着が十分育たなかったことが原因と考えられている。しかし，時間をかけて新生児とふれ合うことで，徐々に愛着を感じ，わが子として認識できるようになる。最近では，タッチケアといわれるハイリスク児に対するスキンシップを用いた療法が開発され，出生直後の愛着の形成に役立てている。

無事に出産し，初期の愛着の形成がうまくできた場合であっても，出産や子育てを通じて，これまでの期待と大きくかけ離れた現実を知り，子育てストレスや負担感から抑うつや育児ノイローゼ（大日向，1982）になる場合がある。このような場合に，親子のふれあいを啓発しても，うまくふれ合うことのできない自分に対して，さらに大きなストレスを抱えてしまう場合がある。したがって，まず子育て負担感や子育て不安感を軽減するための支援体制が，必要となってくる。それは，夫や両親からの手段的・情緒的サポートであったり，子育て仲間からのピアサポートや仕事仲間や保育施設での理解とサポート等である。
　夫や家族，子育て仲間から助言をしてもらったり，悩みを聞いてもらったりする等，他者とかかわりをもつことで，自身の未解決の問題を認識し，現実的な対処方法を見つけ出す一助となるだろう。このように，母親を取り巻く環境からの手段的・情緒的サポートを得ながら，適度なリフレッシュを取り入れ，母子間のふれあいを深めていくことが大切となる。

（4）親子のコミュニケーションとスキンシップ

　イナイ・イナイ・バーやオテテ・パチパチといったかかわりは，乳幼児期の初期によく見られる親子のふれあいである。このような親子のふれあいは，言語的なコミュニケーション，非言語的なコミュニケーションを通して促進される。
　乳児は，泣くことによって自らの欲求を伝え，親はそれに対して，おむつを替えたり，ミルクを与えたりと，要求に応える。乳幼児期のコミュニケーションは，泣くという行為で不快感や不安感を表現している。その泣き声を聞いて，親は「どうしたの」と言葉をかけ，頭をなでたり，手を握ったり，抱いたりすることで，子どもは安心し泣いている子どもは泣きやむ。言語的なかかわりをもつと同時に，非言語的なかかわり，つまり，スキンシップをもつことによって安心感を得られるのである。
　昔から医療の世界では，治療のことを「手当て」と呼ぶ。治療に際し，まず，患者の患部に，治療者の手を当てて診断をするのである。手当てをすることによって，人に安心感を与え，不安感を和らげ，それを治療の一手段としていたのである。
　このスキンシップの効果は，現在，タッチケアやカンガルーケアというかたちで活用されている。タッチケアは，低体重児のようにハイリスク児で，出産後に母子分離しなければならない場合に取り入れられる手法で，医療者の管理の下，母親の早期の愛着確認と新生児の成長促進のために行われる。
　一方，カンガルーケアは，正期産で出産した乳児に対して，出産後，母親が新生児を抱けるようになり次第，カンガルーの子どものように母親のおなかの上で授乳やスキンシップを行うものである。このような出生直後からスキンシップを活用することで，乳児の情緒安定や良好な体重増加などが明らかになっている（橋本ほか，2001）。
　このようにスキンシップを含む親子のコミュニケーションは，親子のふれあいの最も重

要なスキルであり，親子の健やかな成長のためには欠かせないものである。

2. 親子体操，親子リズム，親子の運動ゲーム

　幼いときから，保護者から離れての生活が多いと，愛情に飢えるのも自然なこと。親のほうも，子どもから離れすぎると，愛情が維持できなくなり，子を愛おしく思えなくなっていく。便利さや時間の効率性を重視するあまり，徒歩通園から車通園に変え，歩くという運動量確保の時間が減っていき，親子のふれあいコミュニケーションが少なくなり，体力低下や外界環境に対する適応力も低下してきた。テレビやビデオの使いすぎも，対人関係能力や言葉の発達を遅らせ，コミュニケーションがとれない子どもにしていく。キレる子どもや問題行動をとる子どもが現れても不思議ではない。

　ここは，腰を据えて，乳幼児期から親子のふれあいがしっかりもて，かつ，からだにも良いことを実践していかねばならない。そこで，「親子体操」の実践を勧めたい。

　まず，親子で遊んだり，体操をしたりする機会を設ける。子どもといっしょに汗をかく。子どもに，お父さんやお母さんをひとり占めにできる時間をもたせよう。親のほうも，子どもの動きを見て，成長を感じ，喜びを感じてくれるだろう。他の家族がおもしろい運動をしていたら，参考にしよう。子どもががんばっていることをしっかりほめて，自信をもたせよう。子どもにも，動きを考えさせて創造性を培ってもらいたい。動くことで，お腹がすき，食事が進む。夜には，心地よい疲れをもたらしてくれ，ぐっすり眠れる。親子体操の実践は，食事や睡眠の問題改善にしっかりつながっていくだろう。

　親子体操は，これまで，いろいろなところで，取り組まれている内容であるが，それらをみんなで本気で実践するために，地域や社会が，町や県や国が，本気で動いて，大きな健康づくりのムーブメントを作る必要がある。こんな体験をもたせてもらった子どもは，きっと勉強や運動にも楽しく取り組んで，さらに家族や社会の人々とのコミュニケーションがしっかりとれる若者に成長していくはずである。急がば回れ，乳幼児期からのふれあい体験を大切にしていこうではないか。

（1） 親子体操の魅力

①お金がかからない。
②道具も必要なく，からだだけを使って運動ができる。
③子どもが親をひとり占めにできる。
④親が子どもの成長を確認できる。
⑤ふれあうことで，親子のコミュニケーションづくりに役立ち，言葉の発達につながる。
⑥あそび方や動き方を工夫することで，知的な面の発達にもつながる。

（2） 親子体操実施上の留意点

　親子体操は，親と子が直接，肌をふれあわせ，コミュニケーションを深めたり，スキンシップが十分とれるように，その内容を考えるべきである。父親と行うときは，例えば，力強さや速さ等が，母親と行うときは優しさや細やかさ等が随所にみられるような内容がよいだろう。また，親には，わが子の成長がわかるような内容，例えば，子どもを持ち上げるという動作を行わせるとわが子の体重の変化が理解できる内容が喜ばれるだろう。

　そのために，練習をしなければできないような内容ではなく，その場で簡単にでき，かつ何組もの親子が集まってできるような，楽しい内容を考えなくてはならない。

　ここで，留意しておかなければならないことは，その運動量である。親と子が楽しく運動するには，親が子どもと同じように身体を動かす場面が登場する。日ごろ，運動をしている親もいれば，まったく運動をしていない親もいる。簡単な軽い動作であっても，ふだん以上に力が入り，思わぬ事故が起こりやすい。十分に注意が必要である。

高い高い
子どもの大好きでシンプルなあそび。喜ぶことで楽しく感じ，また，やりたいという気持ちを起こさせる。

スーパーマン
親は，子どもの胸とももに手をあてて持ち上げる。子どもを上下させると，いっそう喜ぶ。

メリーゴーラウンド
子どもを抱っこして腰と背中を手で支え，脇で子どもの足をしっかりと挟み，クルクル回す。上下させたり，回る方向も変えてみる。

ロボット歩き
親の足の甲に子どもが乗り，親子で手を握っていっしょに動く。前方や横方向，後ろ方向へと移動する。親が大またで動くと，子どもは大喜び。

逆さロボット
子どもが逆さになり，親の足の甲に，子どもの手を乗せる。親は，子どもの両足首を持ち，少し引き上げて歩く。

ネコ車
子どもにとって，腹筋や背筋，腕力を使うダイナミックな運動。前進だけでなく，後ずさりもする。持っている足の高さを低くすると，少し歩きやすくなる。

2. 親子体操，親子リズム，親子の運動ゲーム

両足くぐり

親は両足をそろえてＶ字になる。子どもは，親の両足の下をくぐり抜ける。

足とびまわり

親は両足を開いて座り，子どもはその足の上を両足踏み切りで跳び越えて，ひと回りする。できたら，片足とびや横とび，後ろとびなどにも挑戦する。

とび越しくぐり

子どもは，座っている親の足の上を跳び越え，浮かせた体（しり）の下をくぐり抜ける。

グー・パーとび

子どもは，親の足をまたいで立つ。次に，親は両足を開き，子どもは跳んで両足を閉じる。この動作を，声をかけ合いながら，繰り返す。2人の呼吸とリズムの取り方がポイント。上達したら，子どもが親に背を向けて行ってみる。

丸太倒し

「力試しをしてみよう」と誘いかる。親はあお向けに寝て，足を垂直に立て，両手は床面につけて，足が倒れないように支える。子どもは，その大木（親の両足）を倒すようにする。

飛行機

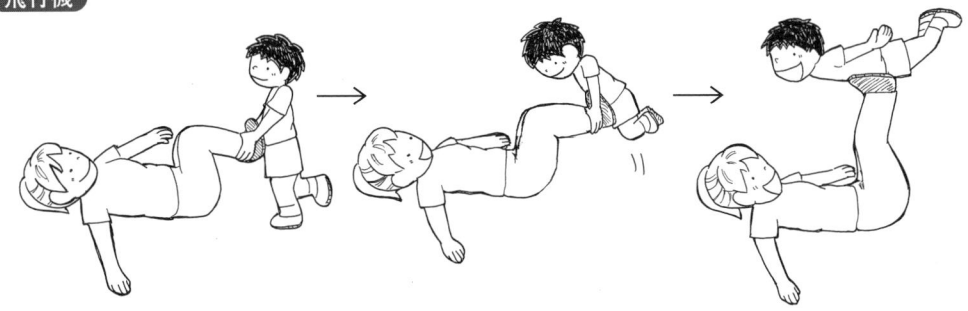

子どもは少し親の足元から下がる。合図で走り，親の足を押さえて腰に当て，前方にジャンプする。親はタイミングを合わせて子どもを足で持ち上げる。

第8章　運　動　会

1. 運動会の計画

（1） 運動会のとらえ方

　運動会は，園で行われるさまざまな行事のなかで大きな節目となる行事の一つである。運動会は，日常の保育のなかで積み上げた成果を，運動を通して園の内外に披露することで，園の保育を各家庭や地域社会に理解してもらうと同時に，保育者自身が日常の保育を確認する機会となる。子どもたちにとって運動会は，日常の運動あそびや集団あそびの延長上にある楽しい活動である。

　子どもたちは，運動会という行事に取り組むなかで，運動経験を広げたり，運動技能を高めたり，多人数で種目に取り組んだりとさまざまな経験をすることができる。これらの活動を通して，子どもたちに運動への興味や関心，協力する心や他者を思いやる心，物事をやりとげる達成感，そして，自信と競争心が培われることを期待している。

　保護者にとっては，子どもの成長発達を確認し，子どもへの信頼感や保育者・園との協力関係や親密感を深めるよい機会となる。また，ある期間，園全体が一体となって練習や準備に取り組むため，子どもたちの日々の生活に目的感や適度な緊張感が生じ，園生活がより活性化してくる。

（2） 運動会を計画するうえでの配慮

　運動会は，一般的には秋に行われることが多いが，春季や冬季に行うこともあり，その開催時期によって内容が異なってくる。計画にあたっては，各年齢の保育目標や子どもの姿を十分にとらえ，年間計画のなかで位置づけをはっきりさせることが大切となる。そして，幼児の身体的，精神的な育ちや知的発達状態をよく見きわめ，年齢に応じた無理のない種目を工夫し準備を進めていかなければならない。そのためには，長期指導計画の立案時から運動会を展望した計画を立てておくと同時に，ときには，日常保育のなかで保育者があそびをしかけていくことも必要となってくる。

　種目内容を決めるにあたっては，以下のことに配慮したい。
①普段のあそびをまとめた内容で，子ども一人ひとりが生き生きと発表できるもの
②子どもの発達の様子が親にも十分理解できるもの

③普段の運動体験をさらに広げることができるもの
・普段のあそびでは経験しにくい個人的な運動
・多人数で取り組む集団的な運動
・さまざまな人とかかわることのできる運動
・異年齢の子ども同士が互いの演技を見合うことで，成長への自信やあこがれ，期待感をもつことができる運動

　練習にあたっては，まとめるうえで少しの練習ですむものと，ある程度時間をかけた練習を要するものとを整理し，計画的に進める必要がある。短時間で高度な種目を練習させて幼児に過度の負担がかかることのないように配慮しなければならない。しかし，かなり早い時期から，明らかに運動会を意識した長期にわたる練習は避けたいものである。個々のあそびや集団活動のなかで，園児の状況を見ながら練習を進めていくことが望まれる。そして，直前にはリハーサルを行い，時間配分や指導に手落ちがないかチェックしていく。

　練習日程は，各家庭にも知らせておく必要がある。そして，子どもの様子の情報交換を行う。とくに，運動会直前の子どもたちの様子には十分な配慮が必要である。これは，先にも述べたが，運動会が近づくにつれ園全体が活性化し，園児たちも興奮と緊張が入り混じった生活になり，疲労もたまりやすく，けがをしやすくなるためである。家庭に練習日程を知らせ，子どもの園での様子と家庭での様子を伝え合うことで，園と家庭が連携して子どもの健康と安全を支えていくことにつながる。

　運動会終了後は，反省・感想などを整理しておく。運動会にかかわったすべての人からのコメントが必要である。そして，計画・企画の段階から，運動会に向けた保育・あそびの内容，準備の手順，練習計画と方法，運動会当日の実施状況，片づけまで総合的にふり返ってみる。また，子どもの声も重要な反省の材料になる。運動会前後の保育中の子どもの会話や活動はもちろんのこと，家庭における子どもの話を保護者から聞くことで，子どもにとっての運動会の存在を知ることができる。子どもや保護者からの生の声をきちんと受け止めて，運動会終了後の子どものあそび，その後の保育，次の行事へとつなげていくことが大切である。

（3） プログラムを編成するうえでの配慮

　プログラムを編成するうえでは，次のことに配慮したい。
①全体の所要時間は，日常の保育時間とほぼ同じくらいにする。
②子ども一人あたりの種目数は，年齢，発達を十分に考慮する。
③種目の種類は，競技的なもの，レクリエーション的なもの，演技的なもの等の内容への配慮や，個人種目や集団（団体）種目，園児以外の参加者の種目など，参加形態に変化をもたせる。

④編成の順序は，道具の出し入れや入退場の流れ，演技場所などを考慮する。また，子どもが休む間がなく連続して出場することのないように配慮する。

　プログラムの編成にあたっては，運動会を日常保育の延長上にあるものととらえ，子どもへの過度な負担がかからないよう心がけたい。また，その場に集うすべての人が楽しめるよう配慮することも忘れてはならない。例えば，編成の順序において，トラック→フィールド→トラック→フィールドと交互に使用するように組むと，ただ準備の都合だけでなく，観客にとっても変化がありおもしろさを感じることができる。

　以上，運動会の計画について3つの観点から示してきたが，いずれも，運動会当日はあくまでも子どもの活動の通過点であり，その後のあそびや成長発達につながるような計画であることを望む。

事例

《子どもの声から始まる運動会「かばさりうんどうかい」》
　運動会のきっかけ　―片瀬のぞみだより9月号より―
　かばさりくんが幼稚園にやってきて，子どもたちの生活にもすっかりかばさりくんが入り込んでいます。お手紙のやりとりのなかで，かばさりくんのことをいろいろと知っていきます。はと組では，まり子先生から教えてもらった歌「朝のおしたく」のメロディーで，かばさりくんの歌を作っています。（もともとは，詞が先でしたが…）たまたま，このメロディーにぴったりだったのです。かばさりくんとの生活のなかから生まれた歌，100番までつくるぞ！とがんばっている子どもたち。この歌で踊りだす子どもも出てきました。
　集まって体操をしていると，「ねぇ，早く運動会やろうよ…」の声。「えっ？　運動会？　だれがするの？」「やりたい，やりたい僕たちがするの。リレーしたい。つな引きしたい！」の声が次々とあがりました。『かばさりうんどうかい』と名前も決まり，昨年経験しているはと組では，話し合いでやりたいことがたくさん出てきました。係の仕事も覚えているんですね。マイク，先頭，体操，プレゼント，今年は自分たちがするんだ！！ってはりきっています。今年もどんな運動会になるか楽しみです。

　この事例は，運動会が子どもの生活と密着し，子どもの声から運動会がはじまる例である。"かばさり"について少し解説を加えると，5月ごろ，保育室内の掲示物がユラユラと揺れたのを見た年少児が「あっ，お化け」と叫んだことがきっかけになり，園全体に広がった。名前もだれかがつぶやいた「かばさりくん」が呼び名となった。子どもたちはかばさりくんと共に生活し，運動会にも「おばけのかばさりくん」（園児ダンス），「おばけちゃんを運ぼう」（集団競技）など，かばさりくんがプログラムに入っている。

片瀬のぞみ幼稚園：神奈川県藤沢市

2. 運動会の運営

（1） 運営にあたっての配慮

　運動会を実施するにあたっては，全保育者と子どもたち，保護者が運動会のねらいと内容を理解し，準備を進めていく必要がある。そのためには，種々の役割を設定し，それぞれが何か一つ役割をもつようにするとよい。全体がかかわることで，運動会への期待と楽しみが高まり，園全体の一体感にもつながってくる。

　保育者は，年間計画の段階から全員でかかわり，子どもたちの姿や保育目標を話し合うことで，個々のクラス運営や保育内容の計画が立てられる。また，各保育者が一つ責任種目をもち，計画をすることで，日常の子どもの様子や園全体の状況を把握することができる。いずれにしても，保育者同士が準備の手順や種目の調整など連絡を密に取ることが大切である。子どもたちは，会場の飾りつけ，競技・演技に使う道具や手具などを事前の保育のなかで作ることで運動会への期待が高まり，また，年長児は当日の係を担うことも可能である。保護者へは，運動会前日の準備や当日の演技中の補助，後片づけ等，時間や打ち合わせをあまり必要としないものを依頼するとよい。また，雨天による実施の有無の決定や連絡方法については，園内・家庭ともに周知させ，混乱を招かないようにする。

　園全体で運動会を進めていくには，十分な話し合いが必要となる。しかし，それぞれが運動会のほかにも役割をもっており，いつも一同に集まることは困難である。そこで，重要なのが，記録である。準備計画，手順，役割分担・内容，運動会当日の流れ，種目の実施方法など，一覧表を作成し配布する。また，各担当で話し合った内容や結果を書き記すノートをつくり，だれでも閲覧できるようにしておくとよい。

（2） 進行表と種目カード

　運動会当日がスムーズに進行できるよう，1日の進行表と種目カードを作成するとよい。
　進行表は，リハーサル前にプログラムに沿って作成し，リハーサル後調整していく。時間配分については，開会式や午前のはじまり，昼食時間，午後のはじまり，終了時間など，大枠を決めればよい。当日は，進行表に沿って運動会が進められるが，園児たちが急がされたり慌てたりすることのないようゆとりをもつことが大切である。進行表の時間は，あくまでも目安であり，ふり回されることのないようにしたい。
　種目カードは，各種目を実施するうえで重要なものである。とくに，当日，保護者へ援助を依頼する場合，そのカードを頼りに動くことになるのであるから，だれが見てもわかるようにしなければならない。開会式から，閉会式まですべてにおいて作成する必要がある。

資料　進行表の実際例

時刻	プログラム名	出場者	責任者	場所	用具および準備物	入退場曲	競技・演技中曲
9:30	開会式		運動会進行の責任者	園庭中央			
	1. 入場	全園児			クラス別プラカード、旗たて	ファンファーレ・さんぽ	
	2. 開会の言葉	年長児代表			マイク		
	3. 運動会の歌	全員			伴奏	運動会の歌	
	4. 準備体操	全員				体操曲	
	5. 退場	全園児				アドバンス・アドベンチャー	
	1. かけっこ	年中児	(年中担任)	トラック	笛、ピストル、ゴールテープ、等旗	はしるの大好き	クレヨンロケット
	2. かけっこ	年少児	(年少担任)	フィールド	笛、ピストル、ゴールテープ、等旗		
	3. ちびっ子忍者の修行 (障害物競走)	年長児	(年長担任)	トラック	マット、フープ、三角コーン、勝籠、ピストル、ゴールテープ、等旗	運動会マーチ	ハリケンジャー参上
	4. バナナの森のピクニック (ダンス)	年中児	(年中担任)	フィールド	ダンス曲	公園に行きましょう	ダンス曲
	5. 狙ってポン (玉入れ)	年少児	(年少担任)	フィールド	玉、玉入れかご、笛、ピストル、ストップウォッチ	さんぽ	ねこバス
	6. 二人三脚 (親子競技)	年長児親子	(年長担任)	トラック	脚を結ぶ紐、笛、ピストル、ゴールテープ	運動会マーチ	POPEE the クラウン
	7. お花にこにこりこんにちは (親子ダンス)	年少児親子	(年少主任)	フィールド	ダンス曲	さんぽ	ダンス曲
	8. いいものみーつけた！	未就園児	(年少担任)	フィールド	子ども用買物籠、お土産袋、ビニールプール、笛、ゴールテープ	アンパンマンマーチ	どんな色が好き
	9. 力を合わせて (綱引き)	年中年長児	(年長担任)	フィールド	綱、旗、笛、ピストル、ストップウォッチ	勇気100%	
12:00					－昼食－	ビートルズメドレー	
13:00	10. シャボン玉 (ダンス)	年少児	(年少担任)	フィールド	ダンス曲	さんぽ	ダンス曲
	11. おサルのかごや (親子競技)	年中児親子	(年中担任)	フィールド	サルのお面、竿、三角コーン、笛、ピストル、ゴールテープ	おサルのかごや	POPEE the クラウン
	12. パラバルーン	年長児	(年長主任)	フィールド	パラバルーン	キラキラ星	演技曲
	13. 上手に運んで！	卒園児、父母、保育者	(年長主任)	トラック	紙風船、ラケット、笛、ピストル、ゴールテープ	双頭の鷲の旗の下に	天国と地獄
	14. 布でわっしょい！	年中児	(年中担任)	フィールド	大玉、布、コーン、笛、ピストル、ゴールテープ	運動会マーチ	ぜったい元気！
	15. はしってーおんぶ (親子競技)	年少児親子	(年少担任)	フィールド	目隠し用タオル、笛、ピストル、ゴールテープ	さんぽ	POPEE the クラウン
	16. クラス対抗リレー	年長児全員	(年長担任)	トラック	バトン、アンカー襷、笛、ピストル、ゴールテープ、等旗	はしるの大好き	0点チャンピオン
14:30	閉会式		運動会進行の責任者	園庭中央			
	1. 入場	全園児			クラス別プラカード、旗たて	アドバンス・アドベンチャー	
	2. 整理体操	全園児			体操曲	体操曲	
	3. 園の歌	全園児			伴奏	伴奏	
	4. ごほうび	全園児			参加賞、マイク	みんな一等賞	
	5. 閉会の言葉	年長児代表			マイク		

〔荒木美那子・桐原由美他：幼児の楽しい運動学習―運動あそびの発達と援助―、不昧堂出版、p.237, 2001, 参考〕

資料　種目カードの実際例

~表面~

プログラム	No. 14	布でわっしょい！	責 任 者	ヤマノマキコ
出 場 者	年中児（20名×3クラス）		開始時刻	14：00

〈内容・備考〉	〈準備物〉
①入場門から入場し，各クラスの大玉の所に行く。 ②最初に競技する4人が，大玉をのせた布の4つの角を持ち，準備する。 ③「ヨーイ，パン」のピストルの合図でスタート。 ④三角コーンをまわってスタート位置まで戻り，次の4人に大玉をのせた布を渡す。 ⑤渡したら列の後ろに並ぶ。 ⑥連続して2巡する。 ⑦全クラスがゴールしたら終了。 ⑧保育者が順位を発表する。 ⑨各クラスの先頭から，クラス席に戻る。	○大玉3個（3色） ○大布3枚 　（大玉の色に合わせる） ○三角コーン　3個 ○笛，ピストル ○ゴールテープ

入退場曲	運動会マーチ
競技中曲	ぜったいに元気！

~裏面~

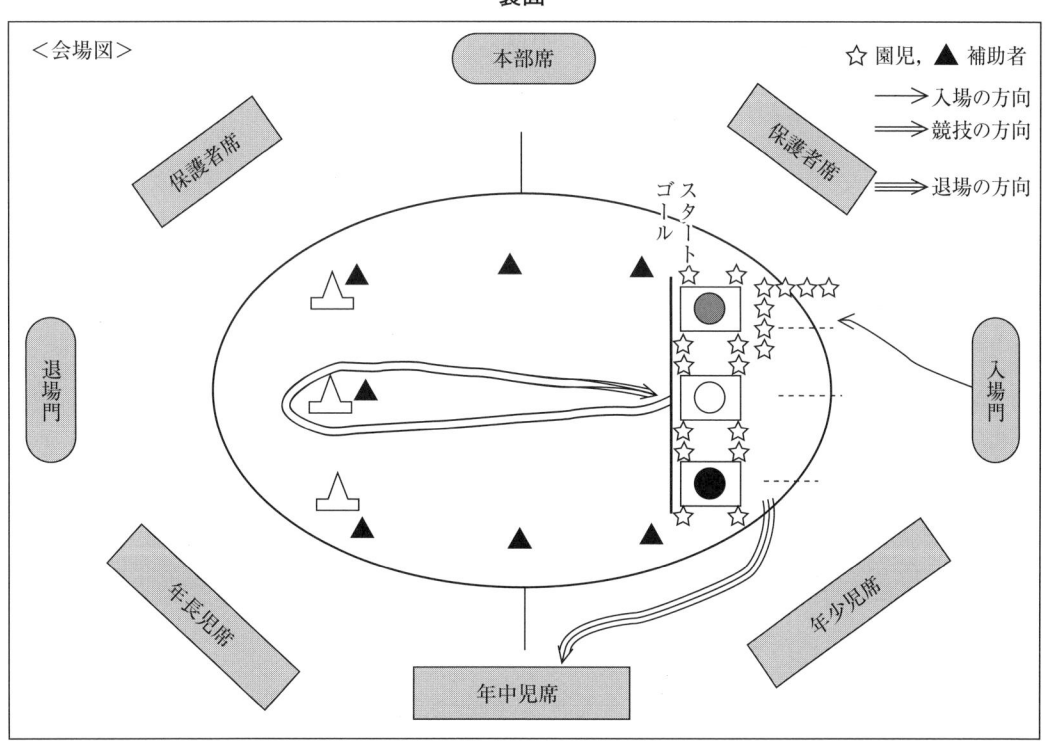

<会場図>

☆ 園児，▲ 補助者
⟶ 入場の方向
⟹ 競技の方向
⇛ 退場の方向

本部席　保護者席　保護者席　退場門　入場門　年長児席　年中児席　年少児席

〔荒木美那子・桐原由美他：幼児の楽しい運動学習―運動あそびの発達と援助―，不昧堂，p.238，2001，参考〕

3. 種目の実際例

競技種目の分類の方法はさまざまであるが，ここでは，個人の競技種目，集団の競技種目，演技種目，園児以外が参加する種目に分けて紹介する。なお，個人・集団の競技種目は，競技種目として紹介するが，ねらいをどこに求めるかによって，勝敗だけでなく，子どもたちの達成感や満足感を満たす種目になったり，レクリエーション的な種目になったりする。

（1） 個人の競技種目

個人の力で最後までがんばるという経験から満足感や達成感を得ることができ，自信をもつことにつながる。また，保護者や保育者だけでなく，子ども自身も自分や他者の育ちを確認することができる。

●種目例

ヨーイドン（かけっこ）
- 距離の目安は3歳児30m，4歳児40m，5歳児50mを最大とする。
- 3歳児の初めはゴールまで走りぬけることが難しいため，ゴール地点で保育者が子どもを迎える方法も有効である。
- いろいろな走り方を経験するためには，直線だけでなく楕円や円形のコースを用いる。
- コースの確認とウォーミングアップを兼ねて，実際のコースを走りながら入場する方法もある。

ちびっ子忍者の修行（障害物走）

- 安全面に配慮してコース設定には余裕をもたせる。
- また，他者との競争よりも，子どもが"できた"という達成感を得られることに意識を向ける。

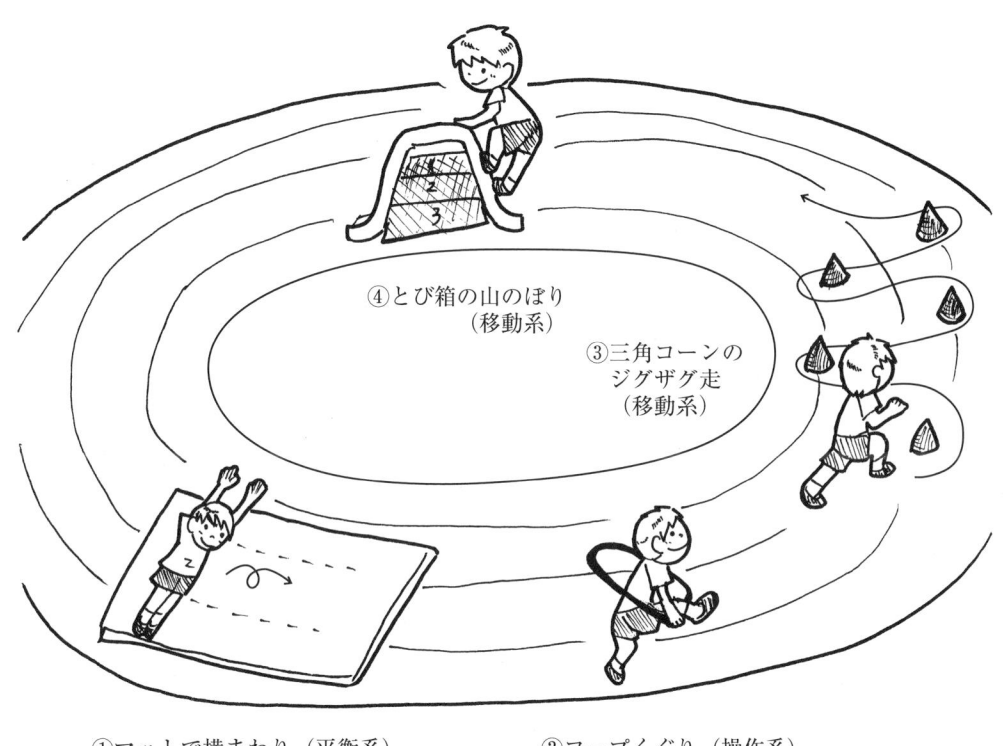

④とび箱の山のぼり（移動系）
③三角コーンのジグザグ走（移動系）
①マットで横まわり（平衡系）
②フープくぐり（操作系）

（2）集団の競技種目

　年少児では，勝敗よりも友だちと協力しながら楽しむことを中心に活動できるものが望ましい。年長児になると，役割を分担し，作戦をたてて競技に臨むことができるようになる。チームワークを意識してみんなでやり遂げる達成感を味わえるようにする。

● 種目例

狙ってポン（玉入れ）

- 対象年齢によって，的の向き（上向き，横向き）を使い分けるようにする。
  また，低年齢児では，ラインを引いて自分の陣地にある玉を相手の陣地に投げ入れるというルールにしてもよい。
- 玉は事前にまいておくか，園児が両手に持って入場する。

お宝わっしょい（リレー）

- 友だちと協力しておみこしの上にのせた宝物を運ぶリレー。バランスを崩すと宝物が落ちてしまうので，みんなの息を合わせることがポイントとなる。

めくって めくって（カードめくり）

　置いてあるカードを，制限時間内になるべく多く自分のチームの色にひっくり返す競技。（裏表に各チームの色をつけたカードを準備する）

（3） 演技種目

　演技種目には，ダンスや体操などのマスゲームやフォークダンスがある。年長児になると組体操をする場合もある。ダンスや体操は，保育者がすべてを創作するのではなく，子どもたちの活動のなかから動きを取り上げたり，子どもたちに動きを投げかけアイディアを引きだしたりすることで，子どもたちは楽しんで取り組むことができる。また，曲の選曲にあたっては，子どもたちに馴じみやすく，レコードやカセットがなくても歌に合わせて動けるものが望ましい。

● 種目例

チキ・チキ・バンバン

資料　創作体操例

体操名		ドライブに行こう！	
使用曲	「チキ・チキ・バンバン」	リチャード・シューマン，ロバート・シューマン　作詞・作曲 岩谷時子訳詞　　塚山エリ子編曲	
拍数	動きの説明		その他
（前奏16拍）	立った姿勢のまま演奏を聞く。		軽く，リズムをとる。
① 8拍×1 2拍×2	① 　手で車のハンドルを持つようにし， 　　①左カーブ（4拍），右カーブ（4拍）を曲がるように腕を動かす。 　　②①の動作を1泊ずつで行う（4拍）。		軽くリズムをとる。
② 8拍×2	②　胴の運動 　　③右腕を大きく左側に持っていき，上体をひねり（2拍），気をつけの姿勢に戻る（2拍）。逆方向に同じ動作を行う（4拍）。 　　　　③をもう一度繰り返す（8拍）。		このとき，ひねる方向の足に体重をかけ，反対の脚を横に軽く出すと，より大きくひねることができる。
③ 8拍×1	③　胸の運動 　　④両腕を斜め上にあげ，胸を開く（2拍）。 　　　このとき，右足は右横に出し，軽く両脚を開く。 　　⑤両腕を胸の前で軽く曲げ，胸をすぼめる（2拍）。 　　　このとき，右足は元に戻す。 　　　　⑤，⑥の動作を逆方向に行う（4拍）。		胸をすぼめたとき，ひざを軽く曲げ，上体を少し前かがみにすると運動が強くなる。
④ 8拍×1	④　上肢・下肢の運動 　　⑥胸の前から両腕を横に開いて，大きく内回しを2回行う（4拍）。 　　　このとき，腕回しを1回するごとに軽くひざの屈伸を行う。 　　⑦両腕を⑥とは逆方向（外回し）に回す（4拍）。		8拍めは，両腕を上にあげる。

拍数	動きの説明	その他
5 4拍×2	5　胴の運動 ⑧上に上げた両腕を右下に持っていき，上体を右側にひねる（2拍）。このとき，右足を右横に出し，両脚を軽く開く。 　逆の方向に同じ動作を行う（2拍）。このとき，両脚は開いたまま。 　　⑧の動作をもう一度繰り返す（4拍）。	
8拍×1	⑨上体を右側から大きく回す（8拍）。	8拍めで，両腕を上にあげる。
4拍×2	⑩両腕を上にあげたまま上体を左側に曲げ，右体側を伸ばす（2拍）。 　逆の方向に同じ動作を行う（2拍）。 　　⑩の動作をもう一度繰り返す（4拍）。	
8拍×1	⑨の動作を逆方向に行う（8拍）。	8拍めで，両脚を閉じ，両腕を腰に取る。
6 4拍×2	6　全身の運動 ⑪ジャンプして両脚両腕を左右に開き（2拍），再びジャンプして両脚両腕を閉じる（2拍）。 　　⑪の動作をもう一度繰り返す（4拍）。	ジャンプのリズムや脚の開き方は自由に行ってよい。
8拍×1	⑫左足でケンケンとびを4回行う（4拍）。 　　⑫の動作を逆の脚で行う（4拍）。	ケンケンとびのとき，ジャンプごとに拍手をする。
8拍×1	⑬左足で片足立ちになり（2拍），元に戻す（2拍）。 　　⑬の動作を逆の脚で行う（4拍）。	このとき，両腕は自由にあげる（例えば，横，上下）。また，両脚も自由にあげてよい。
7 16拍×1	7　整理運動 ⑭その場で足踏みをする（32拍）。	
（間奏32拍）	自由に走り回る。	スキップしてもよい。
2番	2から7までもう一度繰り返す。 最後はそれぞれが好きなポーズをとって終わり。	

（4） 園児以外が参加する種目

　運動会の楽しみを共有する時間として，参加者も観客も楽しめる内容のものを選ぶ。また，当日のみの参加者が対象になるため，事前の練習が必要ない種目にする。

①親子種目

　運動あそびを通して親子のふれあいが体験できる貴重な機会となり，2家族以上で取り組めば他の親子とも交流することができる。親が参加できない場合の対応について事前に考えておく必要がある。

　●種目例

おさるのかごや

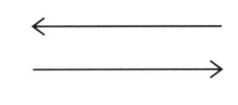

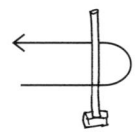

②卒園児種目

　久しぶりに来園した卒園児が友だちといっしょに楽しめたり，成長を感じられたりするものが望ましい。

　●種目例

大玉ころがし

③未就園児種目

　子どもが安心して競技に臨めるように，親もいっしょに活動してもらうとよい。

　●種目例

親子ペンギンのおさんぽ

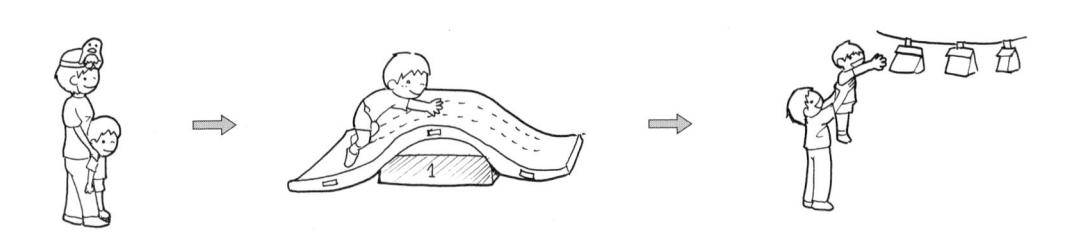

第9章 幼児体育指導における安全と応急手当

1. 応急手当の基本

（1） 幼児の体育指導時によく起こるけがと応急手当

1） 創傷（擦り傷，切り傷）

　近年，子どもが運動不足のため，子ども自身のさまざまな運動能力が低下していることが指摘されはじめて久しい。それは，社会のあり方が変化し，大人の便利さを求めた生活スタイルが，子どもにも即，影響を及ぼす結果となっているためではなかろうか。そのような運動経験の少ない子どもたちに体育教育を実践する指導者は，子どもによく起こるけがについて知識をもち，適切な手当てを実践することができるようにしておく必要がある。

　体育指導時に最も多いけがとしては，創傷があげられる。例えば，走っているときに転んでひざを擦りむくなどの擦り傷や，小さな石粒がひっかかってできる切り傷などである。これらの傷は，通常出血はそれほど激しいものではないが，まず止血することと，傷口を清潔にすることを最優先してもらいたい。

　また，土の上でできた傷の場合は，必ず破傷風の予防接種（三種混合）を受けているか否かを確認しなければならない。予防接種を受けていない場合，土壌に潜む破傷風菌に感染する可能性があるため，その旨を医療を受ける際に申し出る必要がある。

　創傷の手当てとしては，皮膚の表面のみの傷であるため，出血も自然に止まるものが多いが，指導者は傷口をしっかりと確認し，出血の程度を見て，ひどい出血の場合には，まず直接圧迫により，止血させることを優先し，必要に応じて医療を受けさせる。止血がなされた場合には，傷口を水道水できれいに洗い流し，消毒はせず，傷口を乾燥させないような救急絆創膏を貼る。

　従来，行われていた傷口の消毒をすると，消毒薬により傷の回復機能をもつ皮膚の常在菌や表皮の元になる細胞などが損傷を受け，傷の回復を遅らせることになるので，消毒は行わないほうがよい。また，傷口の部分の滲出液の中には，線維芽細胞や血管内皮細胞などの表皮を修復させる成分が入っているため，乾燥させないほうが傷の回復は早くなる。

　また，傷の面積が大きく救急絆創膏で覆いきれない場合は，保健室に創傷被覆剤があれば，それで覆ってテープで止めておく。創傷被覆剤がない場合には，台所で使うラップで傷口を覆い，ラップが取れないようにテープで止めておく。

2） 打撲

　体育指導時に起こる子どものけがのうち，創傷に次いで多いのは，打撲である。骨折の恐れがなく，患部がはれたり内出血であざになったりして痛みのあるときは，すぐに冷たい水，または，氷水に浸して絞ったタオルで冷やす。いわゆる冷湿布を行うとよい。胸や腹部の打撲の場合と頭部打撲の場合，その他の打撲の場合，それぞれに手当ての仕方が異なる。

①胸や腹部の打撲の手当てとしては，どのようにしていて打撲したのかを確かめ，走りながら木やポール固定遊具にぶつかる等して，顔色が蒼白となり，冷汗や吐き気などがあり，内臓損傷の可能性が疑われるものは，安静に寝かせ，すばやく医療を受けさせる。痛みを伴う場合は，冷湿布を行う。

②頭部打撲の手当てとしては，頭を動かさないよう，安静に寝かせ，打撲した部位を冷湿布し，意識レベルの低下や吐き気がないか等に注意をしながら様子をみる。帰宅時も必ず保護者に打撲のことを連絡し，家庭でも続けて様子を観察してもらう。もし帰宅後に異常があれば，脳外科の病院に搬送してもらうようにする。また，体育指導中に子どもが身体のコントロールができず，勢いあまって何かで頭を強く打ったような場合は，安静にして寝かせ，頭を動かさないようにして救急車を呼び，脳外科で医療を受けさせる。頭部打撲の後に意識障害や嘔吐，耳・鼻などからの出血がみられる場合は，特に危険である。

③その他の部分の打撲の手当てとしては，例えば，眼球や耳や顔面にボールがあたる等して激しく打撲すると，症状も重く，後遺症も心配しなければならない。そのため，体育指導の直前には，指導者は安全のための指導が欠かせない。手当ては，やはり冷湿布を行うが，どのようにしていて打撲したのかを確かめ，状態によっては，急いで医療を受けさせなければならない。

3） 捻挫

　関接部分に無理な力が加わり，可動範囲を超えるような動きが起こってしまい，関節を構成している関節と骨との間が外れそうにはなったが，もとに戻った状態を捻挫という。

　例えば，マット運動やとび箱などの運動時，子どもが前方に手をつき損なって，手をひねらせてしまうと，親指のつけ根や手首を捻挫してしまう。その場合，関節の周囲の靱帯や軟骨が傷つけられ，はれや痛みを生じる。外見では，皮下出血と腫脹が見られるが，受傷直後の処置の仕方が適切であれば，皮下出血や腫脹を軽く抑えることができる。

　捻挫の手当てとしては，まず，患部を安静（Rest）にし，しっかりと冷やす。二重にしたビニール袋に氷を入れ，水を氷と同量入れてもれないように縛って，患部に隙間なくしっかりとあてて15分から20分，冷却（Ice）する。

　そして，はれてくると考えられる部位をあらかじめテーピングで，やや軽く圧迫（Compression）しておくと滲出液が組織に広がりにくく，吸収もよくなるので，回復が早いと考えられている。

　最後に患肢を心臓よりも高い位置に挙上（Elevation）しておくと，皮下出血や腫脹を少なくできるのである。捻挫に対する受傷直後のこれらの基本的処置は，頭文字をとって「RICE」という。

　このような基本的処置をした後，念のために医療を受けさせ，脱臼あるいは骨折でないことを確認し，捻挫による関節の周囲組織のダメージの程度を把握しておく必要がある。軽度の捻挫なら靭帯の断裂は少なく，1週間程度で回復するが，重度の捻挫であれば，靭帯の多くが断裂しているため，ギプス固定が必要となり，回復には3週間以上かかる。

4）脱臼・亜脱臼

　捻挫と同じく，関節部分に無理な力が加わり，可動範囲を超えるような動きが起こってしまい，関節を構成している関節と骨との間が，実際に外れてしまったものを脱臼という。痛みはもちろん激しく，関節の周囲組織の損傷も激しいため，皮下出血や腫脹も伴う。捻挫と同じ手当てに先立ち，関節の修復を行わねばならない。

　また，完全に外れるのでなく，外れかけているものを亜脱臼といい，子どもによく起こるのは，ひじの部分の関節から前腕の橈骨が外れかけ，輪状靭帯が入り込んでいるひじ内障で，外見ではれや内出血はないが，子どもが激しい痛みを訴え，患側の腕を下垂して動かすことができなくなるものである。

　脱臼の手当てとしては，まずできるかぎり早く整形外科の専門医により，もとの正確な位置に戻すことが大切で，その整復は8時間以内に行うことが望ましい。長時間にわたって脱臼したまま放置されると，変形した状態で固定されてしまい，子どもの将来に可動制限が起こったり，痛みや炎症が起こったりする原因ともなり得る。

　体育指導者は，すぐに頼ることのできる近隣の整形外科医を確保し，専門医との連携を図り，常に連絡先がわかるようにしておくことも重要である。

　脱臼した部分が正確な位置に整復された後には，固定が必要であり，捻挫のときと同じようにRICEの処置を行うとよい。関節の回復には6〜9か月かかり，根気よく時間をかけ修復する必要があるが，あご関節や肩関節などは日常で使う部位であり，長期固定が難しく，脱臼が習慣化してしまうことが多いので注意したい。

　また，前腕の橈骨の亜脱臼である肘内障については，専門医に整復してもらった後は，子どもはすぐにでもひじを動かすことができるし，痛みも消えてなくなり，固定の必要もない。ともかく，手当てよりもまず専門医に整復してもらうことが先決である。

　ただし，一度肘内障を起こした子どもは，ぶら下がるという無理な牽引力が加わると，再発して，習慣化してしまうことを避けるために，関節の周囲の筋肉が発達してくるまで，数年間はそのような運動は控えさせる。

5）骨折

体育指導中に起こる骨折は，子どもが運動中に何かの物体，または子ども同士でぶつかり，その外的圧力が加わり，骨折を起こしてしまう。骨は感染に弱いため，患部の状態として，骨折部分が雑菌のいる表皮と接しているか否かが，治療上，重要で，骨折部分が皮膚をつき破って体外に開放しているものとそうでないものとで分類される。子どもの場合，骨は柔軟性に富み，青竹を折ったようにヒビが入って曲がる，いわゆる若木骨折が多い。患部ははれ，痛みが激しく，動かすことができない。

骨折の手当てとしては，まず，観察し，開放骨折の場合は，感染予防のため，清潔なガーゼなどで覆い，そえ木をしてすぐに搬送し，整形外科の専門医の医療を受けさせる。開放骨折でない場合は，感染の心配はないので，そえ木をしてから痛みのある部分を捻挫の場合と同じようにして冷やしながら搬送し，専門医によるギブス固定などの医療を受けさせる。粉砕骨折などでは開放骨折でなくとも手術が必要となる場合もある。

（2） 心肺蘇生法について

体育指導のなかで，子どもが水泳中におぼれるとか，脳震盪などで，意識を消失するようなことがあれば，指導者はバイスタンダーとして，すばやく子どもを安全な場所に寝かせて助けを呼び，呼吸・循環を確認し，状況に応じて，気道確保や人工呼吸，心臓マッサージを行わなければならない。

意識を消失した子どもを助けるためには，4つの救命の連鎖（チェーン・オブ・サバイバル）が効果的につながらなければならない。すなわち，①迅速な通報，②迅速な一次救命処置（一般市民による心肺蘇生），③迅速な徐細動，④迅速な二次救命処置（医療機関における心肺蘇生）がスムーズに行われることが重要である。このような心肺蘇生法は，頭でできると考えていても，いざとなるとうろたえることが多いので，体育指導者は一年に一度程度の定期的な訓練や講習会に参加し，常に救命処置の技術と知識を維持するよう，努力することが望ましい。

1）ドリンカーの救命曲線

心肺蘇生法の効果は，呼吸停止からの時間が短ければ短いほど，蘇生のチャンスが高まる。公共の消防局の救命救急隊でもドリンカーの救命曲線（図9-1）が示すように，蘇生の処置は早ければ早いほど効果が高い。例えば，2分以内に蘇生が開始されれば，救命の割合は90％で，4分後では救命割合は50％とされている。

心肺蘇生の手順は，次のA・B・Cに従って行う。

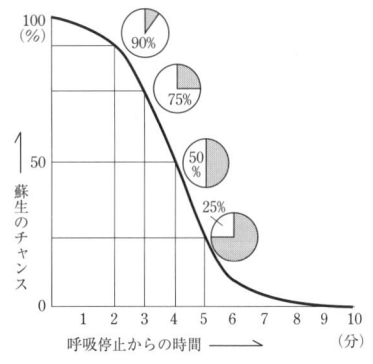

図9-1 ドリンカーの救命曲線
〔西宮市消防局編集：応急手当講習テキスト，西宮市消防局，p.2，1998〕

2） 心肺蘇生のA（Air way）

意識障害や呼吸停止・心停止が起こると，あごや肩の力が抜け，舌根が沈下して気道の閉塞を生じる。その際，片手を額に当て，もう一方の手の人差し指と中指の2本で，下あごの先端を軽く持ち上げるだけで気道が確保され，その処置だけで呼吸が回復することもある。ともかく，心肺蘇生の第一番目に行うことは，この気道の確保（Air way）である（①）。

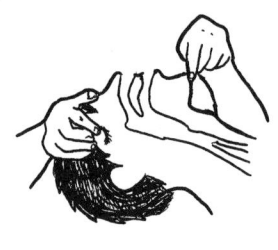

①気道確保

3） 心肺蘇生のB（Breathing）

気道を確保しながら，自発呼吸があるか否かを確かめ，呼吸による音や胸腹部の動きがない場合は「呼吸なし」と判断し，人工呼吸を開始する。1歳未満の乳児に対する人工呼吸法は，下顎挙上法で気道を確保し，指導者は子どもの口と鼻に同時に，自分の口から最初に2回息を吹き込む。以後，3秒に1回の割合で続ける。

②口対口鼻人工呼吸法

1歳以上の年齢の子どもに対する人工呼吸法では，指導者は気道を確保したまま，額に当てた手の親指と人差し指で，空気がもれないように子どもの鼻翼をつまみ，自分の口から子どもの口へ，最初に5回息を吹き込む（②）。以後，4秒に1回の割合で続ける。

4） 心肺蘇生のC（Circulation）

頚動脈や上腕動脈などで，脈拍を確認し，脈拍がなければ「心停止」と判断して，心マッサージを開始する。

乳児では，左右の乳頭を結んだ真ん中のちょっと下を，指導者の中指（第3指）と薬指（第4指）で，胸骨が1.5センチ沈むくらいの強さで，1分間に100回程度のスピードで圧迫する（③）。幼児には，片手のひらのつけ根で，みぞおちの真ん中の胸骨の端から指一本分上の部分を3.5センチほど沈むくらいの強さで，1分間に80回程度のスピードで圧迫する（④）。

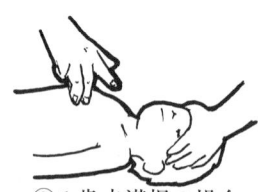

③1歳未満児の場合

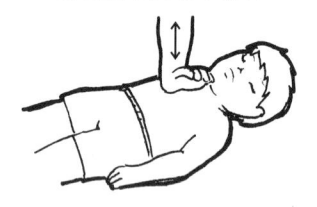

④幼児の場合

以上を人工呼吸と合わせて，1歳未満の乳児では心マッサージ3回に人工呼吸1回を，1歳以上の子どもには心マッサージ5回に人工呼吸1回を繰り返して行う。

このとき，AEDが使用可能であれば，脈拍なしと判断した時点で，AEDによる処置を行う。ただし，指導者による心マッサージはAEDの準備が整いAED機器から指示がでるまで，中断しないで続ける。AEDの電源を入れ，図示されている胸の貼付位置に電極パッドを貼り付け，AEDからの指示に従う。日本では，2004年7月に厚生労働省から一般市民のAED使用を認めており，学校やスポーツクラブでも徐々に設置するところが増加している。

2. 運動あそびと安全教育

　子どもたちが健康で安全な生活を送りながら，運動あそびを楽しむためには，事故を未然に防ぐことが重要である。また，万が一事故が起こってしまった場合にも，その被害を最小限にとどめる必要がある。そこで，ここでは保育現場で起こる事故について概観し，運動あそびと安全についてみていくことにする。

（1）保育現場での事故実態

　幼稚園や保育所で起きた事故のうち医療費給付となったものの実態をまとめたものが図9-2である。事故の多くは，墜落や衝突，転倒などであり，負傷の種類は，挫傷・打撲（うちみ），挫創（出血を伴ううちみ）の割合が高い（①）。負傷の部位は頭部，顔部を合わせて全体の約6割以上という特徴がみられる（②）。これは，乳幼児の頭部の割合が大きくバランスがとりにくいことや身体の調整力が未熟であるということが原因と考えられる。また，事故の発生場所は，園舎内が約半数，次いで園舎外，園外となっている（③）。さらに，すべり台やブランコ，うんてい，鉄棒などは多くの園で設置されており，子どもに

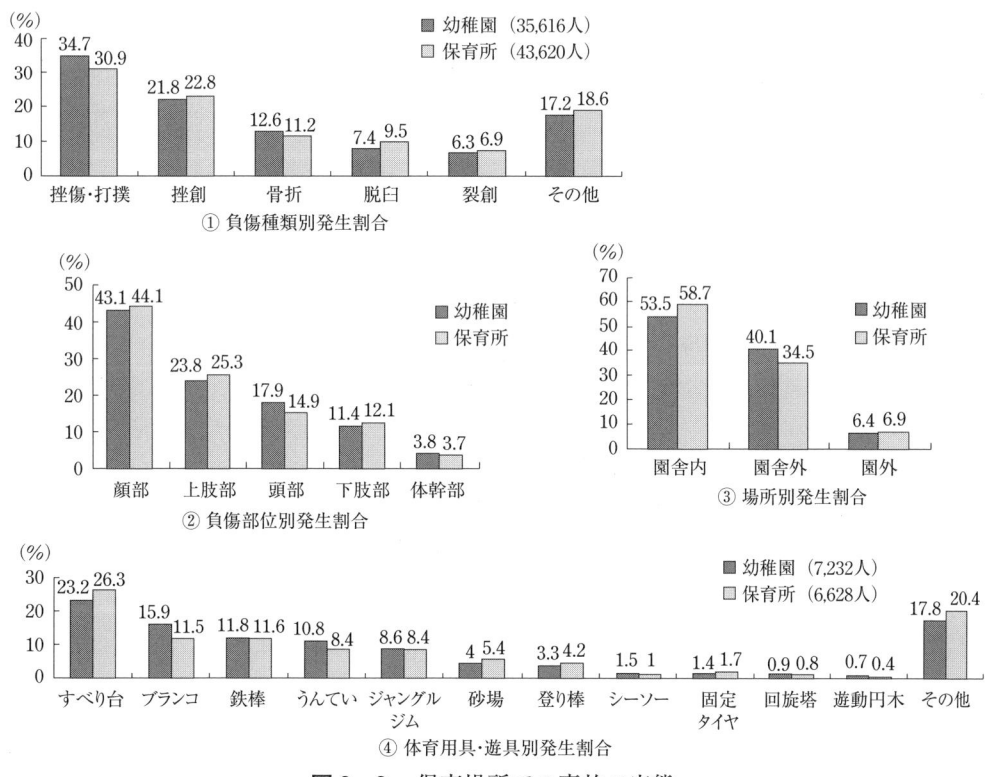

図9-2　保育場所での事故の実態

〔独立行政法人日本スポーツ振興センター：学校管理化の災害—20, 平成15年度調査, pp.157-193, 2006, より作成〕

とって身近な遊具で負傷事故が発生していることがわかる(④)。

(2) 事故の原因

乳幼児期の事故で最も多いものは不慮の事故であるが，その原因は環境要因と人的要因が重なり合って起こる場合が多く，子どもの事故事例を分析した結果と潜在危険のチェックポイントをもとに，次の4つの要因が挙げられている（表9-1）。保育者は，これらの危険に対して，日ごろから気を配るとともに，子どもにもその危険性を伝えていくことが大切である。

表9-1　子どもの事故の要因

要因	内　容	例
危険な環境	子どもを取り巻く生活環境や自然環境などの危険	園庭の小石，雨天後の運動場
危険な行動	約束事を守らない，能力以上のことをするなど，子ども側の危険	周りを見ずにボールを追う，飛び出し
危険な心身の状態	精神状態の不安定や身体的な欠陥	慌てる，夢中になる，疲労
危険な服装	身につけるものが体や行動に合っていない	大きすぎたり小さすぎたりする服や靴，両手に持った荷物など

〔齋藤歖能：子どもの安全を考える─事故・災害の予防から危機管理まで─，フレーベル館，pp.67-69，2004，より作成〕

(3) 保育現場での事故防止

保育現場での事故を防止するためには，保育者が環境や人に対して行う安全管理と子どもを対象に安全・危険への理解を深める安全指導が必要となる（表9-2）。

安全管理は，遊具の点検やあそびの導線など，環境を整える対物管理および子どもの状態把握や万が一事故が起きてしまった場合の処置などの対人管理に分けられる。

対物管理では，園庭の遊具の配置，階段や昇降口の段差など，園の施設・設備や遊具の特性を理解しておき，危険な箇所を押さえておくことが必要となる。対人管理では，教職員間での役割分担や非常時の対応などを明確にしておくことや子どもの特徴や様子を把握

表9-2　事故防止に必要なことがら

```
事故防止 ─┬─ 安全管理 ─┬─ 対物管理　施設や遊具の整備と点検・環境美化
          │             └─ 対人管理　子どもの心身の状態把握と行動管理
          │                           非常時の体制整備（応急処置や医療機関への連絡など）
          └─ 安全指導　安全な生活を送るための生活指導
```

し，事故が起こりにくい状況にしておくことが求められる。

　安全指導では，子どもが自ら危険を予測し，その危険を避けることができるようにするとともに，起こってしまった事故の被害を最小限に止める能力（安全能力）を身につけることが求められる。そのためには，幼児の運動能力や知的発達などの特性（反射的に身体を動かすことができない，自己中心性など）を理解し，日ごろの活動で危険を判断する力を伸ばすとともに，運動能力を向上させることが重要である。また，男児の事故は女児の約2倍であるという性差や事故を起こしやすい子どもの傾向（落ち着きがない，好奇心が旺盛，動作が早いまたは緩慢など）についても注意を払い，適切な援助を行うことが求められる。

　安全管理と安全指導の割合は，発達段階によって変化していく（図9-3）。認知能力や身体的能力が未発達な低年齢児では，自ら危険を予測したり，回避したりすることが困難なため保育者による保護（安全管理）の割合が多くなる。そして，年齢が上がるにしたがって危険への理解が深まり，筋力や調整力などの身体的能力も向上するため教育（安全指導）の割合が増えていくといえよう。このことを踏まえて，保育者は子どもの発達段階に応じた援助をする必要がある。

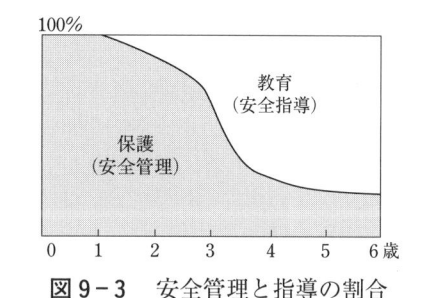

図9-3　安全管理と指導の割合
〔齋藤歖能：子どもの安全を考える―事故・災害の予防から危機管理まで―，フレーベル館，p.36，2004〕

（4）施設・遊具の安全管理と安全指導

　園内の施設や遊具は，その安全性を確保するために，日常的な点検と定期的な点検を行う。日常的な点検では，周囲に危険なものが落ちていないか，ネジが外れたりくぎが出たり破損はないか，濡れたり凍ったりして滑りやすくないか等を確認し，子どもが安心して活動できる状態にしておく。定期的な点検として，遊具のゆがみや腐食はないか等，遊具の構造や材質，機能についての確認を学期ごとに行うようにするとよい。どちらも各園の環境に合わせてチェックリストを作成しておき，どの保育者が行っても，見落としのないようにする。

　また，事故の多い遊具については，点検とともに，子どもへの安全指導を徹底する必要がある。例えば，ブランコの場合，振幅が大きく近寄りすぎると危険なため，範囲を決めて目印をつけたり，持ち手をしっかり握るように言葉かけをしたりする等の配慮が必要である。すべり台では，スピードの出しすぎや下からのぼってきた子どもとの衝突，カバンや紐などが引っかかって起こる窒息事故の危険性もあるため，それらを踏まえた援助を心がける。

　初めて使う遊具については，正しい使い方やみんなで共有するためのルールを子どもたちに事前に説明することが大切である。

（5） 運動あそびと安全教育

　これまで保育現場での事故についてみてきたが，運動あそびの場面ではよりダイナミックな活動が行われるため，危険が伴うことも少なくない。しかし，危険因子を取り除くことだけを考えると，子どもに必要な体験も奪ってしまうことになりかねない。そこで，運動あそびでは，子どもの体験を最大限にいかしながら，事故の予防を行うことが重要となる。
　以下に運動あそびの際の指導のポイントを挙げておく。

①**段階的指導を行う**
　　はじめから難易度の高いものに挑戦させたりすると事故が起こりやすい。子どもの成長発達にあった活動を選び，内容はやさしいものから難しいものへ，個人的なものから集団的なものへと段階的な指導を行うことが望ましい。

②**余裕をもった活動を行う**
　　危険を伴う場面で子どもをせかしたり，狭いところで多くの活動を行ったりすると事故の危険性が高まる。時間的にも空間的にも余裕をもった活動を心がけることが大切である。

③**安全な方法を伝える**
　　子どもたちの活動を禁止するばかりでは，子どもの安全に対する能力を伸ばすことができない。なぜ危険なのか，どのようにすれば安全なのかを，子どもたちといっしょに考え，ルールを決める等して，安全に活動できる方法を伝えていくことが大切である。また，危険な場面があった場合には，指導者間での情報の共有も欠かせない。

④**反復指導をする**
　　子どもは自己中心的で衝動的な行動に出やすく，危険だとわかっていても，一度の安全指導ではすぐに実践できないことが多い。そのため，安全な行動が習慣化するまで何回も繰り返して指導を行う必要がある。また，危険な場面を見たときには，その場で注意をすることが大切である。

⑤**運動能力の向上を図る**
　　危険を回避するためには，身体をすばやく思い通りに動かす能力が必要となる。運動あそびのなかで，多彩な動きを取り入れ運動能力の向上を図ることが事故防止にもつながる。

（6） 子どもの安全能力を高めるあそび

　幼児期は神経系の発達が著しいため，調整力（敏捷性・平衡性・巧緻性・協応性）を向上させるのに適した時期であるといえる。調整力を高めることで，子ども自身が運動の強さ・バランス・速さ等をコントロールし，危険を回避する身体的能力が向上する。そこ

で，運動あそびのなかでは，調整力を高めるもの，さらに集中力や注意力を養うものを積極的に取り入れていくことが積極的な安全指導につながっていく。

以下に，調整力を高める運動あそびの実際例を挙げておく。

①**敏捷性**…すばやく反応し身をかわしたり，巧みに走ったりする。集中力や注意力も養うことができる。

おにあそび　　　　　　　　　　　ドッジボール

ネコとネズミ　　　　　　　　　　ジグザグコースを走る

中央に2本のラインを引き，それぞれのラインにネコとネズミ役の子どもが並ぶ。保育者に呼ばれた動物役の子どもは，相手を追いかける，ゴールラインに到着するまでにつかまえる。（声にすばやく反応して遊ぶ鬼ごっこのひとつ）

②**協応性**…目的に応じて目・手・足・体をうまく連動させる。

的当て　　　　　　　　　　　　　なわとび

③**平衡性**…不安定な場所や姿勢で身体のバランスをとる。

平均台　　　　　ブランコ　　　　ケンパあそび

　乳幼児期の事故は，今回取り上げたもののほかに，通園時や移動時の交通事故や災害（地震や火事など）があり，それぞれに交通安全対策や避難訓練などの対応が必要となる。その際，園と家庭での安全指導の内容が統一されていないと子どもが混乱してしまうため，基本的な指導内容は共通にしてもらえるよう，園での指導を家庭に伝え，理解を求める姿勢が大切である。また，近年では，園庭解放で園児以外の親子が園内で活動する場面も見られる。その場合の対処方法についても，検討が必要である。

> コラム
>
> こんな体育指導，どうですか

子どもたちを指導する場合に，常に指導をするという意識をもつよりも，ときには子どもたちから引き出すという意識をもつ必要がある。もちろん，子どもたちから出てこなかった場合の準備は必要である。

①プールあそびをしていたときのこと

プールあそびの指導をする場合の例を挙げてみる。プールあそびをするときに，子どもたちがプールに入ったら，プールにいろいろなものを入れてみる。大きさの違ういろいろなボール・浮き輪・ペットボトル・大きなたらい・プールまわりの清掃に使うホース・プラフォーミングの積み木・木の棒など。そして，「好きな物を使って遊んでいいよ」と言葉をかける。

子どもたちは，それぞれお気に入りのものを取って遊びはじめる。そこに展開されるあそびは，大人の想像をはるかに超えるいろいろなあそびが展開される。そして，子どもたちは，試行錯誤を繰り返す。

例えば，「大きなたらい」に興味をもった子が何人かいる。それを船に見立てて乗ろうとする。みんなが一度に乗ろうとするから，水が入って沈んでしまう。そして，お互いに非難をし合う。何回か，これを繰り返した後，順番を決めて乗ればいいということになった。ここでまた，だれから乗るかということでもめる。指導力のある子が，「Ａちゃんから，乗ろう」ということで順番は決まった。しかし，１人で乗ろうとしても，乗ることができない。そこで，みんなで「大きなたらい」を水面に持ち，そこにＡちゃんがよじ登って，たらいの中に入ることができた。みんなで，プールの端まで運んでいった。水に浮かせても，１人の子どもが乗ると結構重いのだが，みんなで力を合わせて運んだ。次からは，順番に友だちを乗せて運ぶ。このときに，おもしろかったのは，まだ水の中に頭から潜るのが怖い子どもがいたことである。その子が乗っていたときに，たらいが転覆して，その子どもは頭から水の中に沈んだ。いつもなら泣きそうになるのだが，その子はすぐに立ち上がって，友だちに文句を言いながら，またたらいの中に入り込んだ。それからは，子どもたちはおもしろがって，一定のところまで友だちを運んだら，そこで，たらいをひっくり返すあそびをするようになった。頭から水の中に投げ出された子どもも，喜んでもう一度たらいに乗り込んだ。

ゴムのホースを２人の子どもで取り合いになった。引っ張り合いをしていて，一方の子が足を滑らせて倒れた。それでももう一方の子がホースを引っ張る。倒れた子は，それでもホースから手を離さない。水に半分沈みながら，引っ張られる。このことから，他の子どももホースにつかまって引っ張ってもらうあそびが生まれた。

浮き輪に向かい合ったり，四方からつかまってバタ足で押し合いをする子ども，プラフォーミングに馬乗りになって，友だちに押してもらう子，長いプラフォーミングに３人でつかまってバタ足をする子，ボールを水面

に打ちつけて水をかけ合う子，ボールを水に沈め，手を離しボールが飛び上がってくるのを楽しむ子など，いろいろな活動が生まれる。

指導者は，「ホースを2人で引っ張ってあげてごらん」「もっとたくさんで，たらいを運んでごらん」等のヒントを与え，子どもたちのあそびを活性化させる。

②列に早く並ぶあそびをしていたときのこと

子どもたちが自分の列を覚えるように，最初4列に並ばせて，「先生がどっかに行って手を広げて，集まれーと言ったら，その前にこの列に並ぶんだよ。どこが一番早いか競争だよ。先生がどこかに行くから，目をつぶって」と言っておいて，そっと場所を移動した。そして，「集まれー」と大きな声で合図をすると，何人かの子どもは，目をつぶったまま声のしたほうに来ようとした。これは，予想外であった。まさか目をつぶったまま移動しようとするとは。急いで，「目は開けていいよ」と言ったが，このとき本当に子どもたちを愛おしいと思うと同時に，自分の至らなさを痛感した。確かに，「目をつぶって。先生が合図したら，目を開けて集まるんだよ」と言っていなかったのである。子どもたちは，忠実に，最初の言ったことを守ってくれたのである。これ以降は，きちんと子どもたちに指示するように心がけている。

③模倣あそびをしていたときのこと

模倣あそびは，いろいろな動物のまねをして，場所を移動したりする。「次は何になっていこうかな」と言うと，子どもたちは，口々にいろいろな動物を言う。「ゾウさんにしよう。ゾウさんは，どんなのかな」と問いかけると，子どもたちはそれぞれ思い描いたゾウの真似をする。ある子どもは，ノッシノッシと大股で歩く。ある子どもは，耳に手を当てて，バタバタとする。また，ある子どもは，手を鼻の前に垂らして歩く。同じゾウといっても子どもたちのとらえ方はいろいろである。「Ａちゃんのゾウさんがおもしろいよ。みんなに見せてやって」と，Ａちゃんにみんなの前でやってもらう。「Ａちゃんのゾウさんで向こうまで行こう」。

このあそびは，4，5歳児組でもすることがある。このあそびの良い点は，日ごろあまり運動で目立たない子どもが，すばらしい模倣をすることがあり，その子を引き立てることができるからである。このときには，指導者に照れがあっては，子どもたちはついてこない。いっしょに動物のまねをして遊ぶ。

3歳児組の子どもたちを初めて指導したときの話である。子どもたちに「次は何になって，向こうの赤いマットまで行こうか」と問いかけた。子どもたちは，ウサギ，イヌ，ゾウ等といろいろな動物を言ってくれた。いろいろな動物になって遊んで，そのうちに「トラがいい」ということで，トラになって移動することになった。子どもたちと四つばいになって移動する途中で，ついその気になって，私が大きな声で，「ガオーッ」と近くの子どもをおどした。その瞬間，何人かの子どもたちが泣き出してしまったのである。「怖くないよ。怖くないよ」と言っても泣きやまず，その気になるのも，程々にと思った出来事であった。

【文　献】

■第1章
前橋　明：幼児の体育，明研図書，1988
前橋　明：アメリカの幼児体育，明研図書，1991
前橋　明：幼少年期の体育はどうすべきか，幼児教育と小学校体育の連携を，体育科教育，大修館書店，pp.30－31，1999

■第2章
朝比奈一男・中川巧男：運動生理学　現代保健体育学大系7，大修館書店，p.203，1989
石川利寛編：子どもの発達と体育指導，大修館書店，p.15，1978
D.Gallahue，杉原隆監訳：幼少期の体育―発達視点からのアプローチ―，大修館書店，pp.7－54，1999
杉原　隆・柴崎正行・河邉貴子編：保育内容「健康」，ミネルヴァ書房，p.17－25，2001
前田如矢・田中喜代次編：健康の科学，金芳堂，p.7，1999
三宅一郎他：1歳から12歳の幼児及び児童におけるボールキック能力の発達過程，中京体育学研究21（1），中京大学学術研究会，pp.122～133，1981
澤田道夫：幼児体育，近畿大学豊岡短期大学，p.31・34，2004
杉原　隆：新版　幼児の体育，建帛社，p32，2000
西頭三雄児：遊びと幼児期，福村出版，p34，1974
毎日新聞：社説　遊びは子どものビタミンだ，1990・5・5朝刊
前橋　明：チビッ子のふれあいあそび（実技編），西日本法規出版，p.7，1994
レイチェル・カーソン著，上遠恵子訳：センス・オブ・ワンダー，佑学社，p.21，1991
小林芳文：子どもの遊び―その指導理論―，光生館，1977
近藤充夫監修：三訂　新版　乳幼児の運動あそび―心と体の健康を育む―，建帛社，2000
近藤充夫編：領域　健康，同文書院，1990
原田碩三・原田昭子編：新保育シリーズ　健康，みらい，1994

■第3章
高橋健夫・三木四郎・長野淳次郎・三上肇編著：器械運動の授業づくり，大修館書店，1992
前橋　明：0～5歳の運動あそび指導百科，ひかりのくに，2004
日本幼児体育学会：幼児体育指導員養成テキスト「幼児体育」理論と実践，大学教育出版，2006
山根耕平・米谷光弘他著：自由な子どもの発見，ミネルヴァ書房，p.75，1985
米谷光弘：運動会に生かす体育遊び，ひかりのくに
米谷光弘：冒険・仲間づくりのサーキット遊び，黎明書房
杉原　隆・米谷光弘他：幼児の体育，建帛社，2000
米谷光弘：日本幼児体育学会第3回大会　講演要旨・研究発表抄録集，幼児体育の実践から実証的研究への道（会長基調講演），日本幼児体育学会，pp.17－34，2007

■第4章
岡本卓夫編：保育の創造　保育の中での運動あそび　実践編，タイケン出版，1992
河邉貴子：遊びを中心とした保育―保育記録から読み解く「援助」と「展開」―，萌文書林，pp.84－85，2005
小林倫子・原田寿子：子どもと運動あそび　その指導と方法，不昧堂出版，1991
小林倫子・原田壽子：運動あそびの基礎と展開，不昧堂出版，1996
近藤充夫編：新保育内容研究シリーズ／1　健康，ひかりのくに，1990
関口はつ江・太田光洋：実践への保育学，同文書院，p.137－138・140，2003
高杉自子・塩美佐枝：演習保育講座　教育課程・保育計画論，光生館，1999
高杉自子・森上史朗・神長美津子：演習保育講座第3巻　保育内容総論，光生館，p.114，2000
民秋　言：保育原理　その構造と内容の理解，萌文書林，2006

林　秀雄：豊かな保育をめざす　教育課程・保育計画，みらい，2000
保育所保育指針，フレーベル館，1999
無藤　隆・増田時枝・松井愛奈：保育の実践・原理・内容―写真でよみとく保育，ミネルヴァ書房，2006
幼稚園教育要領，1999
幼稚園教育要領解説，フレーベル館，1999
森上史朗・岩崎婉子：演習保育講座　保育内容　健康，光生館，1996

■第5章
独立行政法人日本スポーツ振興センター：学校の管理下の災害－20－基本統計―（負傷・疾病の概況），
　　p.159・179，2006
川添公仁・船井廣則：子どもの運動遊び，中部日本教育文化会，1998
斎藤道雄：幼児にうける体育とゲーム，大月書店，pp.50－53，2001
桐原由美・荒木美那子：幼児の楽しい運動学習，不昧堂出版，2001
桐生良生：三訂　幼児体育指導書，杏林書院，1985
桐生敬子・桐生良生：幼児の動きづくり，杏林書院，1997
平井タカネ・村岡真澄：子どもの健康　心とからだ　実技編，三晃書房，2000
番場一雄：母と子のヨーガ，平河出版社，1981
伊藤佐陽子：幼児のヨーガに関する研究Ⅰ―姿勢不良児とヨーガの実践―，姫路学院女子短期大学研究紀要21
　　号，pp.175－183，1994
伊藤佐陽子：幼児のヨーガに関する研究―指導方法の考察―姫路学院女子短期大学　REVIW17，pp.185－199，1994
伊藤華野：まねまねヨーガ，京都通信社，p.4，2007
前橋　明：0～5歳児の運動遊び指導百科，ひかりのくに，pp.132－149，2004
前橋　明：幼児の体育，明研図書，pp.61－69・198－204，1988
日本幼児体育学会：幼児体育　理論と実践［初級］，大学教育出版，2007
坂口　洋・坂口武洋・坂口早苗・小口徹也：健康・保健の科学―出生前からの健康をめざして―，日本小児医
　　事出版社，pp.139－152，2006
片平洌彦：かげがえのない生命・現代の保健・医療・福祉，桐書房，2001
高野　陽・加藤則子・加藤忠明：保育ライブラリ子どもを知る・小児保健，p.6－8，2003
厚生労働省：統計資料集2006，国立社会保障・人口問題研究所
厚生統計協会：人口の動向　日本と世界，人口統計資料集2006，国立社会保障・人口問題研究所
山岸　稔：小児医事概論，日本小児医事出版，1988

■第6章
文部科学省：http://www.mext.go.jp/a_menu/shotou/tokubetu/004.htm　ホーム＞教育＞特別支援教育に関す
　　ること＞4.それぞれの障害に配慮した教育，2008
J.ウィニック著，小林芳文・小松裕希・七木田敦・宮原資英訳：子どもの発達と運動教育―ムーブメント活動
　　による発達促進と障害児の体育―，大修館書店，pp.201－202，1992
文部科学省：学習障害児に対する指導について（報告），2001
文部科学省：今後の特別支援教育の在り方について（最終報告），2003
文部科学省：http://www.mext.go.jp/a_menu/shotou/tokubetu/main/001.pdf，ホーム＞教育＞特別支援教育に
　　関すること＞特別支援教育の対象の概念図，2008
小林芳文：ムーブメント教育・療法による発達支援ステップガイド，日本文化科学社，2006
小林芳文・是枝喜代治編著：楽しい遊びの動的環境によるLD・ADHD・高機能自閉症児のコミュニケーション
　　支援，明治図書，2005
障害児保育研究会編：保育所における障害児への対応，全国社会福祉協議会，pp.45－62，1992

■第7章
岩崎庸男・島井哲志：胎児は訴える―行動異常をもたらすもの―，福村出版，pp.67-75，1988
宮本健作：母と子の絆　その出発点をさぐる，中公新書，pp.26-34，1998
A. Portmann，高木正孝訳：人間はどこまで動物か，岩波新書，pp.60-66，1985
J. Bowlby，黒田実郎・大羽蓁・岡田洋子訳：母子関係の理論①愛着行動，岩崎学術出版，1976
無藤　隆：赤ん坊から見た世界，講談社現代新書，pp.112-117，1994
大日向雅美：赤ちゃん学シリーズ　子育てがいやになるときつらいとき，主婦の友社，p.46-47，2000
原田正文：育児不安を越えて，朱鷺書房，pp.35-38，1993
繁多　進：愛着の発達―母と子の心の結びつき―，大日本図書，pp.40-62，1999
NICHD：National Institute of Child Health & Human Development：The NICHD Study of Early Child Care，2001
渡辺久子：母子臨床と世代間伝達，金剛出版，pp.118-120，2000
大日向雅美・佐々木保行・高野陽・大日向雅美・神馬由貴子・芹沢茂登子：育児ノイローゼ，有斐閣新書，pp.156-164，1982
橋本武夫・井村真澄ほか：特集タッチケア（上），助産婦雑誌55（2），2001
橋本武夫・井村真澄ほか：特集タッチケア（下），助産婦雑誌55（3），2001
前橋　明：低年齢児～幼児とのふれあいあそび―手あそび&親子体操―，ひかりのくに，2005
前橋　明：いま，子どもの心とからだが危ない―子どもの未来づくり　2―，大学教育出版，2006

■第8章
民秋　言・穐丸武臣：保育内容　健康，北大路書房，p.130，2003
荒木美那子・桐原由美編著：幼児の楽しい運動学習―運動あそびの発達と援助―，不昧堂出版，pp.237-238，2001
小林倫子・原田壽子編著：運動あそびの基礎と展開，不昧堂出版，1996
小林倫子・原田壽子編著：子どもと運動あそび―その指導と方法―，不昧堂出版，1991
前橋　明・馬場桂一郎編著：楽しい子ども運動会，大学教育出版，1992
岩崎洋子：たのしい運動あそび，チャイルド社，1986
幼児運動研究会：今ドキの親子競技，世界文化社，2003

■第9章
鯵坂二夫監修，高内正子編：小児保健実習，保育出版社，1996
大塚敏文監訳：子どもの応急処置マニュアル，南江堂，2003
杉山　貢他：救命救急マニュアル，大泉書店，2002
高内正子編集：保育のための小児保健，保育出版社，2005
保健同人社書籍編集部編：新赤本家庭の医学，保健同人社，2006
堀　元一他監修・島田和幸他編：新家庭の医学，時事通信社，2005
夏井　睦：これからの創傷治療，医学書院，2003
西宮市消防局編集：応急手当講習テキスト，西宮市消防局，1998
夏井　睦：創傷治療の常識非常識，三輪書店，p.47，2004
http://kt.sakura.ne.jp/mama/RICE.html　　http://www.cramer.co.jp/care/index.html
小林倫子・原田壽子：運動遊びの基礎と展開，不昧堂，1996
クリエイティブプレイ研究会：遊びの指導　エンサイクロペディア乳幼児編，同文書院，1997
齋藤歖能：子どもの安全を考える―事故・災害の予防から危機管理まで―，フレーベル館，2004
日本児童安全学会編：幼稚園・保育所における子どもの安全，ぎょうせい，1994
民秋　言・穐丸武臣：保育内容　健康，北大路書房，2003
巷野悟郎：保育者のための救急傷病看護ハンドブック，同文書院，1986
巷野悟郎：最新保育保健の基礎知識，日本小児医事出版社，2001
独立行政法人日本スポーツ振興センター：学校管理下の災害―20基本統計，2006

【編著者】

前橋　　明：早稲田大学人間科学学術院

【著　者】(五十音順)

雨宮由紀枝：日本女子体育大学体育学部
有木　信子：作陽保育園
石沢　順子：東京純心女子大学現代文化学部
伊藤佐陽子：京都西山短期大学
奥富　庸一：倉敷市立短期大学
川添　公仁：名古屋経済大学人間生活科学部
桐原　由美：聖セシリア女子短期大学
髙内　正子：聖和大学教育学部
田中　　光：流通経済大学
中嶋　弘二：尚絅大学短期大学部
馬場桂一郎：大阪信愛女学院短期大学
松原　敬子：植草学園短期大学
松本　奈緒：秋田大学教育文化学部
三宅　孝昭：大阪府立大学総合教育研究機構
米谷　光弘：西南学院大学人間科学部

【編集協力】

松尾　瑞穂：国際学院埼玉短期大学

■編著者紹介

前橋　　明（まえはし　あきら）
早稲田大学人間科学学術院教授／医学博士
岡山県備前市生まれ。
鹿児島大学卒業，米国南オレゴン州立大学卒業。
米国ミズーリー大学大学院：修士（教育学）
岡山大学医学部：博士（医学）
倉敷市立短期大学教授，米国ミズーリー大学客員研究員，米国バーモント大学客員教授，米国ノーウィッジ大学客員教授を経て，2003年4月より早稲田大学へ。

幼児体育　基礎理論と指導の方法

2008年4月25日　初版第1刷発行
2014年2月18日　初版第4刷

検印廃止	編著者 Ⓒ 前　橋　　　明
	発行者　大　塚　栄　一
	発行所　株式会社 樹村房　JUSONBO

〒112-0002　東京都文京区小石川5丁目11番7号
電話東京（03）3868-7321㈹
ＦＡＸ（03）6801-5202
http://www.jusonbo.co.jp
振替口座　00190-3-93169

印刷・製本／亜細亜印刷株式会社

ISBN978-4-88367-122-9
乱丁・落丁本はお取り替えいたします。